Fabienne

Orthographe

3e

14/15 ans

HATIER | CHOUETTE ENTRAÎNEMENT

PRINCIPE DE MAQUETTE : Frédéric Jély
MISE EN PAGE : Soft Office
SUIVI ÉDITORIAL : Brigitte Brisse
ILLUSTRATIONS : François San Millan

Sommaire

Orthographe d'usage

1. Connaître les lettres muettes intercalées . . . 6

2. Écrire les adverbes en *-ment* 8

3. Doubler la consonne 10

4. Écrire les noms et adjectifs en [e] ou [ɛ] . . 12

Formation du pluriel et accords

5. Former le pluriel d'un nom
ou d'un adjectif composé 14

6. Identifier les emplois adverbiaux
des adjectifs 16

7. Accorder des déterminants 18

8. Identifier et écrire *tout* 20

9. Identifier et écrire *même* 22

10. Accorder un nom
ou une forme verbale en *-ant* 24

Conjugaison et accord des verbes

11. Écrire un verbe au futur simple
ou au présent du conditionnel 26

12. Écrire un verbe au présent de l'indicatif . . 28

13. Écrire un verbe au présent du subjonctif . . 30

14. Écrire un verbe au présent de l'impératif . . 32

15. Écrire un verbe à l'imparfait
ou au passé simple 34

16. Écrire un verbe aux temps composés 36

17. Utiliser les terminaisons verbales
-i, -is, -it et *-u, -us, -ut* 38

18. Accorder un participe passé (I) 40

19. Accorder un participe passé (II) 42

20. Distinguer un passé simple
d'un subjonctif imparfait 44

21. Accorder le verbe avec son sujet 46

22. Accorder le verbe avec un sujet inversé . . 48

Homophones grammaticaux

23. Distinguer *es, est, ai, aie, ait, aient* 50

24. Distinguer *plutôt, plus tôt* et *près, prêt* . . . 52

25. Distinguer *quoique* et *quoi que* 54

26. Distinguer *quelque* et *quel que* 56

27. Distinguer *eut, eût* et *fut, fût* 58

Tableaux de conjugaison 60

Index des notions grammaticales 62

Index des dictées .64

Chouette mode d'emploi

Bonjour,

Tu viens d'acquérir ce cahier de la collection Chouette entraînement et tu voudrais savoir ce qu'il contient et comment l'utiliser au mieux.

Se repérer dans le cahier

■ Cet ouvrage est composé :

– d'un **cahier principal** qui contient 27 unités de révision,

– d'un **cahier central de corrigés**, sur fond gris. Celui-ci comprend les corrigés détaillés des exercices des 27 unités de révision ; note que chaque corrigé est accompagné d'un commentaire pour t'aider à mieux comprendre.

■ Pour **choisir un thème de révision**, tu peux bien sûr utiliser le sommaire (p. 3) qui t'indique toutes les difficultés d'orthographe traitées ; tu peux aussi faire une recherche plus précise grâce à l'index des notions grammaticales (p. 62-63).

Se repérer dans une unité

■ Voici l'unité type correspondant à un thème de révision. Elle comprend :

– sur la page de gauche, une courte **leçon** sur une difficulté d'orthographe suivie d'une série d'**exercices d'application**,

– sur la page de droite, une **dictée** dans laquelle on retrouve la difficulté de la leçon, et des **questions d'observation** portant sur la dictée.

■ Pour **réussir la dictée**, pense à lire le texte une première fois avant de répondre aux questions puis une seconde fois en soulignant ce qui reste difficile pour toi.

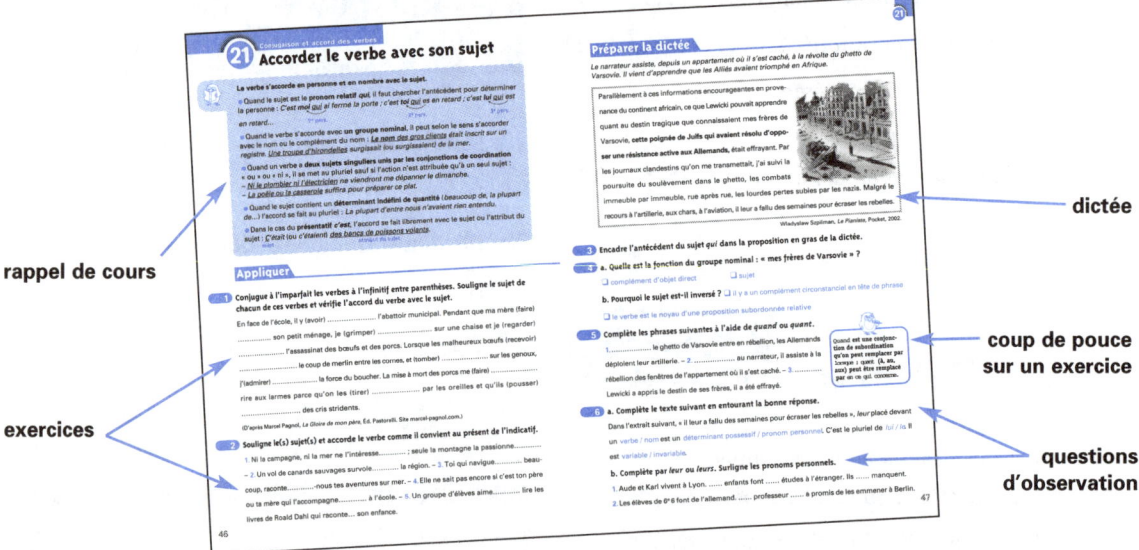

rappel de cours

exercices

dictée

coup de pouce sur un exercice

questions d'observation

Il me reste à te souhaiter un bon travail !

Alphabet phonétique (API)

Il s'agit de la notation adoptée par l'Association phonétique internationale pour désigner les sons. L'alphabet phonétique se place entre crochets.

VOYELLES	SEMI-VOYELLES	CONSONNES
[a] ciném**a**	[j] **l**ieu	[b] **b**a**b**a
[ɑ] ch**â**teau	[w] **ou**i	[d] **d**éjeuner
[e] d**é**		[f] **f**aim
[ɛ] m**e**ts		[g] **g**âteau
[ə] p**e**tit		[k] **c**adeau
[i] sour**i**s		[l] **l**ait
[o] r**o**se		[m] **m**iel
[ɔ] b**o**sse		[n] **n**appe
[ø] j**eu**di		[p] **p**ain
[œ] fl**eu**r		[ʀ] **r**oi
[u] ch**ou**		[s] **s**el
[y] ill**u**sion		[t] **t**able
[ɑ̃] ch**an**ter		[v] **v**alise
[ɛ̃] jar**din**		[z] mai**s**on
[ɔ̃] r**on**fler		[ʃ] **ch**ocolat
[œ̃] br**un**		[ʒ] an**g**e
		[ɲ] i**gn**orer
		[ŋ] park**ing**

Connaître les lettres muettes intercalées

Certains mots présentent en français une lettre muette en milieu ou fin de mot.

● **Les consonnes muettes intercalées** sont généralement les lettres *h*, *g*, *p* ou *m*. On peut expliquer la présence de ces lettres de différentes façons :

– **par la phonétique** : la lettre *h* permet de prononcer séparément deux voyelles placées l'une à côté de l'autre (ex. *trahir*). Dans ce cas, on peut aussi utiliser les trémas que l'on met sur la deuxième voyelle (ex. *haïr*) ;

– **par les mots de la même famille** : *doigt (code)* ⟶ *digital* ; *sept* ⟶ *septembre* ;

– **par la formation du mot** : *bonheur / malheur* (ce qui vous arrive « heur » en bien ou en mal) ; un *bonhomme* (un *homme* qui est *bon*).

● **Les noms dérivés de verbes du 1ᵉʳ groupe** dont le radical se termine par une voyelle (verbes en *-ier*, *-ouer*, *-uer* et *-yer*) ont un *e* muet intercalé avant le suffixe *-ment* : *éternu-er* ⟶ *éternuement*.

Appliquer

1 Complète les phrases suivantes par une lettre muette (*h*, *p* ou *m*).

1. Il a un r...ume. Il boit du r...um.

2. Il verse un acom...te.

3. Il a in...alé un gaz toxique.

4. Sur ce portail, on a scul...té les élus et les da...nés.

5. C'est sa se...tième conda...nation pour vol.

6. C'est un spécialiste de la pré...istoire.

7. Au Moyen Âge, un homme mal...onnête est dés...onoré.

2 Écris correctement les noms dérivés des verbes du 1ᵉʳ groupe suivants.

1. enrouer : un enrouement.

2. bégayer : un ....

3. dénouer : un ....

4. licencier : un ....

5. payer : un ....

6. remercier : un ....

3 Construis des mots à partir des racines grecques suivantes. Orthographie-les correctement.

1. rhino (nez) : oto-rhino-laryngologiste, rhino..

2. théo (dieu) : ....

3. pathie (souffrance) ....

4. ortho (droit, correct) : ....

Les mots qui viennent du grec s'écrivent th, ch ou rh.

Préparer la dictée

> Sur quoi, ce sont dehors des aboiements affreux, et bientôt se ruent à l'intérieur de la grange neuf molosses portant des colliers incrustés de cuivre. Ils se jettent sur Boule de Neige, qui de justesse échappe à leurs crocs. L'instant d'après, il avait passé la porte, les chiens à ses trousses. Alors, trop abasourdis et épouvantés pour élever la voix, les animaux se pressèrent en cohue vers la sortie, pour voir la poursuite. Boule de Neige courait comme seul un cochon peut courir, les chiens sur ses talons. Mais tout à **coup**, voici qu'il glisse, et l'on croit que les chiens sont sur lui.

George Orwell, *La Ferme des animaux*, Traduction Jean Queval, © Éd. IVREA/Champ Libre, Paris, 1981 et 1995.

4 **Construis le nom dérivé du verbe *aboyer*.**

aboyer : un ....

5 **Relève dans la dictée deux mots qui s'écrivent avec un *h* intercalé.**

1. .... 2. ....

6 **Complète le tableau à l'aide de mots que tu relèveras dans la dictée.**

Le son [s]		Le son [z]
-s- entre une voyelle et une consonne	-ss- entre deux voyelles	-s- entre deux voyelles
....	....	....
....	....	....
....	....	....
....	....	....
....	....	....

> La lettre *s* se prononce toujours [s] sauf entre deux voyelles où elle se prononce [z]. Pour faire le son [s] entre deux voyelles, je dois mettre deux *s*.

7 **Complète les phrases suivantes à l'aide d'homophones du mot *coup*. Aide-toi du dictionnaire pour les orthographier correctement.**

1. Le .... de la vie a augmenté.

2. Le chien porte au .... un collier.

3. Tout à ...., le téléphone sonna.

4. Il a reçu un .... sur la tête.

> Des homonymes sont des homographes et des homophones. Les homographes sont des mots qui ont la même orthographe mais dont le sens diffère (*voler* : prendre et *voler* : se déplacer dans l'air).
> Les homophones se prononcent de la même façon mais le sens diffère (*vert* : la couleur et *verre* : le récipient).

2 Écrire les adverbes en -ment

Les adverbes construits avec le suffixe -ment se forment généralement à partir du féminin des adjectifs.

Adjectif masculin	Adjectif féminin	Adverbe en -ment
Léger	Légère	Légère-**ment**

● Si l'adjectif se termine par une voyelle, l'adverbe se construit directement sur le masculin : joli ⟶ joliment.

Attention ! L'adverbe dérivé de l'adjectif gai peut s'écrire gaiement ou gaîment. Certains adverbes en -ument prennent un accent circonflexe : assidûment, continûment, crûment, drûment, dûment, goulûment.

● Les adverbes en [amã]* prennent toujours deux m. Ils se terminent par **-amment** quand ils sont dérivés d'un adjectif en **-ant** : courant ⟶ couramment. Ils se terminent par **-emment** quand ils sont dérivés d'un adjectif en **-ent** : patient ⟶ patiemment. Comme tous les adverbes, les adverbes construits avec le suffixe -ment sont toujours invariables.

* Voir le tableau phonétique API p. 5.

Appliquer

1 Écris les adverbes formés à partir des adjectifs suivants.

1. secret : ....　　**2.** amer : ....　　**3.** heureux : ....

4. résolu : ....　　**5.** absolu : ....　　**6.** sûr : ....

2 Complète les adverbes suivants en [amã]. Pour t'aider, certains adjectifs dont sont dérivés les adverbes ont été écrits entre parenthèses. Complète ceux qui manquent.

1. fréqu.................... (fréquent)　　**4.** différ.................... (....................)

2. élég.................... (élégant)　　**5.** appar.................... (....................)

3. bruy.................... (....................)　　**6.** réc.................... (récent)

3 Dans les phrases suivantes, surligne les noms qui se terminent en -ment ; souligne les adverbes qui se terminent en -ment. Accorde les noms si nécessaire.

> Les noms en _-ment_ sont précédés d'un déterminant tandis que les adverbes en -ment précisent le sens d'un verbe.

1. Il écoute attentivement... les aboiement... des chiens.

2. On entend fréquemment... des craquement... dans les vieilles maisons.

3. Les glissement... de terrain sont apparemment... dus à un affaissement du sol.

Préparer la dictée

Le narrateur est un Juif échappé du ghetto de Varsovie. Aidé par des amis, il vit reclus dans un appartement. Une fois par semaine, on lui apporte des vivres.

En conséquence, il fallait occuper le temps d'une façon ou d'une autre entre chacune de ses apparitions, que j'attendais évidemment avec impatience. Je lisais beaucoup et j'avais appris à préparer des plats succulents grâce aux conseils culinaires de la femme du médecin. Un seul impératif : pas le moindre bruit. Je me déplaçais donc tout doucement, sur la pointe des pieds. Les murs n'étaient pas épais et un simple mouvement inconsidéré pouvait me trahir auprès de mes voisins. Par contre, je ne les entendais que trop bien, eux, et notamment ceux qui vivaient à gauche du palier.

Wladyslaw Szpilman, *Le Pianiste*, Pocket, 2002.

4 Surligne, dans la dictée, trois adverbes construits avec le suffixe *-ment*.

5 Complète le tableau suivant qui résume la formation de l'adverbe *doucement*.

Adjectif masculin	Adjectif féminin	Adverbe en *-ment* dérivé
....	....	doucement

6 Écris l'adjectif à partir duquel on a construit l'adverbe *évidemment*.

....

> Relis le dernier point de la leçon, page précédente.

7 Remplace le groupe nominal prépositionnel *avec impatience* par un adverbe en *-ment*.

....

8 Relève, dans la dictée, un autre adverbe en [amã].

....

9 Écris la proposition suivante au pluriel.

« un simple mouvement inconsidéré pouvait me trahir auprès de mes voisins » :

....

....

3 — Orthographe d'usage
Doubler la consonne

Ce tableau récapitule les doublements de consonnes placés généralement en début de mot.

Mots commençant par	Exemples	Exceptions
-app	*apprendre, apprivoiser, approche*	**Verbes :** *apaiser, apercevoir, apeurer, apitoyer, aplanir, aplatir, apostropher* **Noms :** *apaisement, aparté, apéritif, apesanteur*
-acc	*accent, accepter, accumuler*	*acacia, académie, acajou, acanthe, acariâtre, acompte, acoustique, âcre, acrobate*
-occ	*occasion, Occident, occuper*	**Mots de la famille d'octave :** *octobre, octosyllabe* **Mots de la famille d'oculaire :** *oculiste*
-aff	*affaire, affirmer, affronter*	*afghan, Afrique, africain, afin*
-eff	*effort, effacer, efficace*	
-off	*offert, officiel, offrande*	

● Le préfixe **in-** placé devant un mot commençant par **m, l** ou **r** subit l'attraction de cette consonne et se transforme en **im-, il-** ou **ir-** : im⎥mobile⎥, il⎥lisible⎥, ir⎥régulier⎥.

Appliquer

1 Complète les pointillés par la consonne simple ou double qui convient.

1. Complète par *f* ou *ff* : e.........acer, a.........ricain, o.........ert, a.........ectation, e.........raction.

2. Complète par *p* ou *pp* : a.........ercevoir, a.........araître, avitoyer, a.........artement.

3. Complète par *c* ou *cc* : a...ueilllir, a...compte, a......rocher, a...oustique, a...almie, o...ulaire.

2 Écris les antonymes (les contraires) des mots suivants à l'aide du préfixe *in-*.

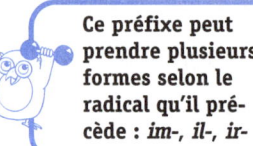

Ce préfixe peut prendre plusieurs formes selon le radical qu'il précède : *im-, il-, ir-*

1. résistible : ....
2. matériel : ....
3. limité : ....
4. responsable : ....

3 Complète la grille de mots croisés suivante.

HORIZONTALEMENT

A. État caractérisé par l'absence de pesanteur que l'on rencontre sur la lune.

B. Feuille représentée sur les chapiteaux corinthiens.

VERTICALEMENT

1. Au théâtre, paroles prononcées par un personnage pour le public.

2. Arbre à fleurs jaunes.

3. Qui concerne l'étude des sons.

4. Qui pique.

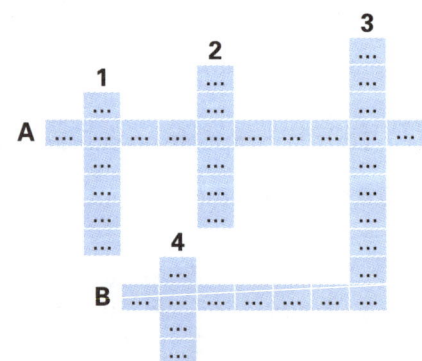

Préparer la dictée

Le narrateur, un Juif échappé du ghetto de Varsovie, vit caché dans un petit appartement.
Un matin, il assiste à une descente de la Gestapo dans son pâté d'immeubles.

J'ai entendu des coups de feu. Je me suis précipité à la fenêtre : une rangée de policiers tirait à l'aveuglette dans la foule. Après quelques minutes, des camions SS sont apparus : la portion de la rue dans laquelle mon immeuble se trouvait a été encerclée. Des groupes de la Gestapo ont commencé à entrer dans chaque bâtiment et à en ressortir en poussant des hommes devant eux. Je les ai vus s'engouffrer sous mon porche… J'ai entendu les Allemands crier quelques étages plus bas. Une demi-heure s'est écoulée. Un calme irréel s'est installé. Je suis allé à la fenêtre : les véhicules SS avaient disparu.

Wladyslaw Szpilman, *Le Pianiste*, Pocket, 2002.

4 Relève, dans la dictée, un verbe au participe passé commençant par *app-*.

....

5 Relève, dans la dictée, deux mots commençant par le préfixe *in-*. Encadre le radical de chacun de ces mots.

....

> Tu dois relever un nom et un adjectif.

6 Les racines *meuble*, *mobile* et *mobilier* ont la même origine latine et désignent ce qui bouge. Construis les antonymes de ces mots à l'aide du préfixe *in-*.

1. meuble : ....   2. mobile : ....   3. mobilier : ....

7 Surligne, dans la dictée, un nom féminin qui se termine en [e] et souligne un nom masculin qui se termine en [e].

8 Complète les phrases suivantes avec l'adjectif *demi* que tu accorderas si nécessaire.

> *Demi* reste invariable quand il précède le nom auquel il est relié par un trait d'union. Quand *demi* est placé après le nom auquel il est relié par « et », il s'accorde en genre avec ce nom.

1. Elle n'a reçu aucun appel pendant une ....-heure.

2. Il l'a attendue une heure et ....

9 Relève deux noms qui présentent un accent circonflexe. Recherche pour chacun d'eux des mots de la même famille.

Ex. : *hôpital* ⟶ *hospice, hospitaliser*.

1. .... : ....

2. .... : ....

4° Écrire les noms et adjectifs en [e] ou [ɛ]

● **Les noms féminins en [e]* se terminent en -ée** : *une fée.*

Attention : le mot *clé* n'a pas de e final. Il peut aussi s'écrire *clef.*

– Les noms féminins qui se terminent en -té ou -tié s'écrivent sans e final : *la tranquillité, la moitié.*

Attention aux exceptions : *la dictée, la jetée, la montée, la pâtée* et *la portée* et les noms exprimant le contenu : *la pelletée* (le contenu d'une pelle), *l'assiettée* (le contenu d'une assiette).

● **Les noms masculins qui se terminent en [e]* peuvent s'écrire -é ou -er** : *le café, un herbier.* Parmi ceux qui se terminent en *-er*, on trouve les noms de métiers (*le charcutier, le boucher*) et les noms d'arbres fruitiers (*l'abricotier, le pommier*).

– Les noms dérivés d'un verbe au participe passé se terminent par -é : *inviter* (infinitif) ⟶ *invité* (participe passé) ⟶ *un invité* (nom dérivé du participe passé).

– Quelques noms masculins d'origine grecque se terminent par -ée. Il faut les apprendre : *un athée, un camée, un lycée, un mausolée, un musée, un pygmée, un scarabée, un trophée.*

Remarque : la plupart des noms masculins en [ɛ]* se terminent en *-et* (*un billet, un carnet*). D'autres terminaisons sont possibles : *le quai, le portrait, le jockey.*

● Pour connaître la terminaison des adjectifs qui se terminent en [ɛ]*, on peut les mettre au féminin : *léger* ⟶ *légère* ; *secret* ⟶ *secrète.*

* Voir le tableau phonétique API p. 5.

Appliquer

1 **Écris correctement les noms féminins suivants qui se terminent par le son [e].**

1. Une pellet… – **2.** la qualit… – **3.** la particularit… – **4.** la port… – **5.** une assembl… – **6.** la cl…

– **7.** la plong… – **8.** la fiert… – **9.** l'égalit… – **10.** la fraternit… – **11.** la mont… – **12.** la plat….

2 **Écris correctement la terminaison des noms masculins en [e] dans les séries de mots suivants. Entoure l'intrus qui s'est glissé dans chaque série.**

1. Le déjeun… ; le dîn… ; le canap… ; le goût… ; le soup…. – **2.** Le cerisi… ; le pruni… ; le citronni… ; le bl…. – **3.** Le bouch… ; le pâtissi… ; le caf…. ; le menuisi… ; le charpenti… – **4.** Un expos… ; le pygm…. ; un délégu… ; un invit… – **5.** Un mus… ; un scarab… ; un lyc… ; un pi….

3 **Complète les adjectifs suivants qui se terminent par les sons [ɛ] et [e]. Écris entre parenthèses le féminin.** Ex. : *secret (secrète).*

1. inqui… (…………………………) – **2.** compl… (…………………………) – **3.** mu… (…………………………)

– **4.** rondel… (…………………………) – **5.** particuli… (…………………………) – **6.** premi… (…………………………).

Préparer la dictée

Pierre Loti fait ici le portrait de sa grand-mère paternelle.

> Je ne sais quoi de modeste, de discret, de candidement honnête était dans toute sa petite personne encore gracieuse, que je revois le plus souvent enveloppée d'un châle de cachemire rouge et coiffée d'un bonnet de l'ancien temps. Sa chambre, où j'aimais venir jouer parce qu'il y avait de l'espace et qu'il y faisait soleil toute l'année, était d'une simplicité de presbytère campagnard : des meubles du Directoire en noyer ciré, le grand lit drapé d'une épaisse cotonnade rouge ; des murs peints à l'ocre jaune auxquels étaient accrochées, dans des cadres d'or terni, des aquarelles représentant des vases et des bouquets.

Pierre Loti, *Le Roman d'un enfant*, Garnier-Flammarion, 1988.

4 a. Relève, dans la dictée, deux noms féminins qui se terminent en [e].

Nom féminin qui se termine en *-ée*	Nom féminin qui se termine en *-é*
....	....

b. Quel est celui qui exprime une qualité ?

....

5 Surligne, dans la dictée, un nom masculin qui désigne un arbre fruitier et encadre sa terminaison.

6 Souligne, dans la dictée, deux noms masculins qui se terminent en [ɛ] et entoure leur terminaison commune.

7 Écris le féminin des adjectif et participe suivants pour entendre la consonne finale.

1. discret : ....   **2.** peint : ....

8 Complète le tableau suivant.

Verbe à l'infinitif	Participe passé	Nom dérivé du participe passé
....	*ciré*	un ....
....	*drapé*	un ....

9 Relève, dans la dictée, le groupe nominal avec lequel le participe passé *accrochées* (en bleu) est accordé. Quelle est la fonction grammaticale de ce groupe nominal ?

....

❏ sujet   ❏ complément d'objet

5 Former le pluriel d'un nom ou d'un adjectif composé

● Dans les noms composés, seuls le nom et l'adjectif peuvent prendre la marque du pluriel. *Ex. : un rouge* (adjectif)-*gorge* (nom) ⟶ des *rouges-gorges*.
Le verbe reste invariable : *un porte* (verbe)-*plume* (nom) ⟶ *des porte-plumes* sont des objets qui servent à porter les plumes.

Attention ! Le sens interdit parfois de mettre le nom au pluriel : *un timbre-poste* ⟶ *des timbres-poste* (ce sont des timbres de la poste).
Dans certains noms composés d'un verbe et d'un nom, le nom est toujours au pluriel : *un compte* (verbe)-*gouttes* (nom) est un objet qui sert à compter les gouttes.

● Comme tous les adjectifs qualificatifs, l'adjectif qualificatif qui exprime une couleur s'accorde en genre et en nombre avec le nom qu'il caractérise : *Elle porte une jupe bleue* ; *Ces cahiers sont verts*.
Certains adjectifs de couleur restent invariables :
– les adjectifs de couleur composés de deux mots : *une jupe bleu clair ; une jupe vert foncé* ;
– les adjectifs de couleurs dérivés d'un nom : *des chaussures marron* (de la couleur du marron) ; *des tee-shirts orange* (de la couleur des oranges).

Exceptions : *rose, fauve* et *mauve* s'accordent au pluriel.

Appliquer

1 Écris les noms composés au pluriel.

1. un porte-monnaie : des ....

2. un garde-meuble : des ....

3. un abat-jour : des ....

4. un haut-parleur : des ....

5. une porte-fenêtre : des ....

6. un garde-chasse : des ....

7. un couvre-lit : des .... 8. une arrière-boutique : des ....

> Le mot *garde* est employé une fois comme un nom (*le garde* désigne le gardien) et une autre fois comme un verbe. De même, le mot *porte* est employé une fois comme un nom et une autre comme un verbe. Attention aux accords.

2 Écris les noms composés suivants au singulier. Attention, certains sont invariables.

1. des porte-bagages : un .... 3. des vide-ordures : un ....

2. des lauriers-roses : un .... 4. des porte-clés : un ....

3 Dans les phrases suivantes, accorde l'adjectif qualificatif quand il le faut.

1. Adrien porte une casquette bleu… et des baskets noir… – 2. Marine a les yeux vert… amande… et les cheveux châtain… clair… – 3. Sur ce tableau de Monet, les coquelicots font des taches rouge… vif… dans l'herbe vert… – 4. Elle a mis des rubans cerise… sur son chapeau en paille.

Préparer la dictée

Des résistants s'apprêtent à exécuter un des leurs qui les a trahis. Ils se trouvent dans une maison isolée.

Rien ne se passait comme Lemasque l'avait cru. Il s'était préparé avec une exaltation profonde à un acte terrible, mais plein de solennité. Trois hommes siégeaient. Devant eux le traître défendait sa vie par des mensonges, des cris désespérés. On le confondait. Et Lemasque le tuait, fier de trouer un cœur criminel. Au lieu de cette justice farouche… les pas de ses complices qui résonnaient à l'étage supérieur et devant lui cet homme **aux cheveux châtain clair**, jeune, de figure triste et docile, avec son grain de beauté au milieu de la lèvre et qui regardait obstinément un couvre-pieds rouge.

Joseph Kessel, *L'Armée des ombres*, Éditions de Crémille, 1972.

4 **Explique pourquoi *châtain clair* reste invariable dans le groupe nominal en bleu.**

....

5 **Accorde si nécessaire les adjectifs dans les groupes nominaux suivants.**

1. des cheveux châtain…
2. des cheveux blond…
3. des cheveux blond… cendré…
4. des cheveux brun…

> **Aide-toi du dictionnaire.**

6 **a. Quelle est la nature du mot *couvre* dans le nom composé *couvre-pieds* ? Coche la bonne réponse.**

❏ nom   ❏ adjectif   ❏ verbe   ❏ adverbe

b. Écris ce nom au pluriel.

Un couvre-pieds : des ....

7 **Complète la périphrase suivante pour expliquer pourquoi le nom *pied* s'écrit toujours au pluriel dans le nom composé *couvre-pieds*.**

Le *couvre-pieds* est un objet qui sert à .... les ....

8 **a. Surligne, dans la dictée, deux noms féminins qui se terminent par le suffixe *-té*. Que remarques-tu ?**

....

b. Un de ces deux mots ne s'écrit pas comme il se prononce.

Recopie sa prononciation en API : ....

Définis ce mot : ....

> **Reporte-toi à l'alphabet phonétique, p. 5.**

6 Identifier les emplois adverbiaux des adjectifs

● L'adjectif qualificatif caractérise un nom ou un groupe nominal avec lequel il s'accorde en genre et en nombre : *Luc et Martin sont forts*. *Forts* est un adjectif qualificatif qui caractérise les noms Luc et Martin avec lesquels il s'accorde en genre (masculin) et en nombre (pluriel).

● **Employé comme adverbe**, l'adjectif qualificatif porte sur un verbe ou un adjectif qualificatif. **Il est alors invariable :**
Luc et Martin sont fort (= très) bavards. Fort est un adverbe invariable qui caractérise l'adjectif *bavards*.
Luc et Martin parlent fort. Fort est un adverbe invariable qui caractérise le verbe *parlent*.
Luc parle fort (= très) bien. Fort est un adverbe invariable qui caractérise l'adverbe *bien*.

● **Demi, mi, semi et nu** restent invariables quand ils précèdent le nom auquel ils sont reliés par un trait d'union : *nu-tête, des semi-remorques, une demi-heure, la mi-saison.*
– Quand *demi* suit le nom auquel il est relié par « et », il s'accorde en genre seulement avec ce nom : *Je pars dans deux heures et **demie**.*
– Quand *nu* suit le nom, il s'accorde en genre et en nombre avec le nom qu'il caractérise : *Il a les pieds **nus**.* Attention : *il va **nu**-pieds.*

Appliquer

1 **Observe les mots soulignés. Précise leur nature dans les parenthèses (adjectifs qualificatifs ou adverbes).** Ex. *Il parle bas* (adverbe). *Il a acheté un meuble bas* (adj. qual.).

1. Cet objet est <u>cher</u> (...). – **2.** Cette montre coûte

<u>cher</u> (.......................................). – **3.** Ma tante a fait un <u>bon</u> (.........

...............................) gâteau. – **4.** Ce gâteau est très <u>bon</u> (.................

.....................). – **5.** Ce gâteau sent <u>bon</u> (..).

– **6.** Le meuble est <u>haut</u> (.....................................). – **7.** L'enfant saute

<u>haut</u> (.......................................).

> L'adjectif qualificatif caractérise un nom ; l'adverbe précise le sens d'un verbe, d'un adjectif ou d'un autre adverbe.

2 **Écris les phrases de l'exercice précédent au pluriel.**

1. Ces objets sont cher<u>s</u>. – **2.** .... – **3.** ....

.... – **4.** .... – **5.** ....

.... – **6.** .... – **7.** ....

3 **Accorde *demi, mi, semi* et *nu* quand il convient.**

1. Les enfants marchent nu...-pieds. – **2.** Il vaut mieux éviter de marcher pieds nu.... – **3.** Il arrive

dans une heure et demi.... – **4.** Il arrive dans une demi...-heure. – **5.** Cette année, elle travaille

à mi...-temps.

Préparer la dictée

Ma bible était petite et d'un caractère très fin. Il y avait, entre les pages, des fleurs séchées auxquelles je tenais beaucoup ; surtout une branche de pieds-d'alouette qui me rappelait fort **nettement** les « gleux » de l'île d'Oléron.

Je ne sais pas comment cela se dit en français, des « gleux » : ceux sont les tiges qui restent, des blés moissonnés ; ce sont ces champs de pailles jaunes, tondues

court, que dessèche et dore le soleil d'août. Au-dessus des « gleux » de l'île, habités par des sauterelles, **remontent et fleurissent** très haut de tardifs bluets et des pieds-d'alouette, blancs, violets ou roses.

Pierre Loti, *Le Roman d'un enfant*, Garnier-Flammarion, 1988.

4 Souligne, dans la dictée, les adjectifs qualificatifs et participes passés employés comme adjectifs et entoure les adverbes.

> Il y a quatre adverbes et trois adjectifs qualificatifs employés adverbialement. L'adverbe caractérise le plus souvent un verbe, un adjectif qualificatif ou un autre adverbe.

5 Relève trois adjectifs qualificatifs employés adverbialement. Écris entre parenthèses les mots sur lesquels ils portent et précise leur nature en cochant la bonne case.

.... (..........................) ❑ adj. qual. ou part. passé ❑ verbe ❑ adverbe

.... (..........................) ❑ adj. qual. ou part. passé ❑ verbe ❑ adverbe

.... (..........................) ❑ adj. qual. ou part. passé ❑ verbe ❑ adverbe

6 Explique la formation de l'adverbe *nettement* (en bleu).

....

....

....

> Aide-toi de la leçon de l'unité 2, p. 8.

7 Retrouve dans la dictée les sujets des verbes *remontent et fleurissent* (en gras).

....

7 Accorder les déterminants

Les déterminants s'accordent généralement en genre et en nombre avec le nom qu'ils déterminent.

● **Les déterminants indéfinis présentent quelques particularités d'accord.**
– *Chaque* est toujours suivi d'un nom au singulier : *chaque élève* (ce sont tous les élèves pris un par un).
– *Maint* est le plus souvent suivi d'un nom au pluriel : *Je te l'ai répété maintes fois.*
– *Nul* placé devant un nom est un déterminant indéfini : *nulle* (aucune) *envie.* Placé après le nom, *nul* est un adjectif qualificatif : *un partie nulle* (sans valeur).
– *Tel* est soit un déterminant indéfini : *Je vous attendrai à telle heure* ; soit un adjectif qualificatif au sens de « semblable à » ou « si grand que » : *Il a une telle* (si grande) *énergie ! Telle mère, telle fille* (la fille est semblable à la mère).
– *Certain* et *n'importe quel* s'accordent en genre et en nombre avec le nom qu'ils déterminent : *Certains mots* (*certaines paroles*) *peuvent blesser. Ne rentre pas à n'importe quelle heure.*

● **Les déterminants numéraux sont invariables.**
– Les multiples de *vingt* et *cent* s'accordent s'ils ne sont suivis d'aucun chiffre. *Vingt* se termine par un *-s* dans *quatre-vingts* mais il reste invariable si on ajoute une dizaine ou une unité : *quatre-vingt-dix* ; *quatre-vingt-sept.* On écrit *deux cents* mais *deux cent trois.*
– Le déterminant *mille* est toujours invariable mais le nom *millier* prend un *-s* au pluriel : *trois mille euros* mais *trois milliers d'euros.*
– On met un **trait d'union** entre les dizaines et les unités sauf quand elles sont reliées par *et* : *deux cent quatre-vingt-dix-neuf* ; *soixante et onze.*

Appliquer

1 Accorde *tel* et *nul* comme il convient. Surligne *tel* et *nul* employés comme déterminants indéfinis et encadre *tel* et *nul* employés comme adjectifs qualificatifs.

1. Il a pris le virage à une tel… vitesse que la voiture a dérapé. – **2.** Vous prendrez tel… médicament à tel….heure. – **3.** Tel… furent ses premières paroles en arrivant. – **4.** Où vas-tu ? Nul… part. – **5.** Le résultat de cette addition est nul…. – **6.** Nul… femme n'a jamais accompli cet exploit.

2 Dans les phrases suivantes, accorde les déterminants indéfinis comme il convient.

1. Certain… races de chien sont plus agressives que d'autres. – **2.** Il ne faut pas se lancer dans n'importe quel… aventure sans réfléchir. – **3.** Chaque… année, nous partons en vacances en Bretagne et nous faisons maint… sorties en bateau.

3 Écris en lettres les nombres suivants.

21 : ……………………………………………………   95 : ……………………………………………………

2 900 : ………………………………………………   2 986 : …………………………………………………

7 880 : ………………………………………………

Préparer la dictée

> Voici ce qu'on aurait pu apercevoir de cette antique demeure dans le champ d'une lunette.
>
> À huit ou neuf cents pieds en arrière du col de Vulkan, une enceinte, lambrissée d'un fouillis de plantes lapidaires. À chaque extrémité, deux bastions d'angle. Celui de droite est surmonté d'une maigre échauguette ou guérite à toit pointu ; à gauche, quelques pans de murs étayés de contreforts ajourés. Quant à ce que renfermait cette enceinte, rompue en maint endroit, s'il existait quelque bâtiment habitable à l'intérieur, si un pont-levis ou une poterne permettaient d'y pénétrer, on l'ignorait depuis nombre d'années.

Jules Verne, *Le Château des Carpathes*, 1892.

4 Surligne les déterminants indéfinis de la dictée.

5 Relève, dans la dictée, un déterminant indéfini toujours suivi d'un nom au singulier.

....

6 Le déterminant *quelque* peut s'écrire au singulier ou au pluriel. Remplace *quelques* par « plusieurs » et *quelque* par « un certain ».

Aide-toi de l'unité 26, p. 56.

1. « Quelques pans de murs étayés de contreforts ajourés. » : .... pans de murs étayés de contreforts ajourés.

2. « Quelque bâtiment habitable à l'intérieur » : .... bâtiment habitable à l'intérieur.

7 Dans le groupe nominal « cette enceinte, rompue en maint endroit », coche la bonne réponse dans les propositions suivantes.

Maint est écrit au ☐ singulier ☐ pluriel. Le déterminant *maint* s'écrit le plus souvent au ☐ singulier ☐ pluriel. On ☐ peut ☐ ne peut pas remplacer *maint endroit* par *plusieurs endroits*. Le sens du groupe nominal *maint endroit* ☐ autorise ☐ n'autorise pas qu'on l'écrive au pluriel dans la dictée.

8 a. Relie chaque nombre à l'orthographe du mot *cent* qui convient.

800 •

801 •   • cent

900 •   • cents

901 •

b. Rappelle la règle d'accord du déterminant *cent*. ....
....

Identifier et écrire *tout*

Tout peut être un déterminant, un pronom ou un adverbe.

● **Tout, déterminant indéfini suivi d'un nom au masculin singulier.**
– *Tout* = en entier, seul : **Toute** *la classe* (la classe en entier) ; *Pour* **tout** *(seul) ami, Félicité a un perroquet.*
– *Tout* = chaque, n'importe quel : **Tout** *(n'importe quel) élève qui arrive en retard ne sera pas accepté en cours.*

Remarque : le déterminant indéfini *tout* s'accorde en genre (*je préfère Marseille à* **tout** *autre port ; je préfère Marseille à* **toute** *autre ville*) et en nombre (**toutes** *les années,* **tous** *les jours*) avec le nom ou le groupe nominal qu'il caractérise.

● **Tout pronom indéfini** : *Au printemps,* **tout** *(toute chose) renaît.*
Au pluriel, le **s** final du pronom indéfini *tous* se prononce [tus]* : *Les candidats ont* **tous** [tus] *été admis.*

● **Tout adverbe devant un adjectif, un participe ou un autre adverbe.**
Il exprime l'intensité et peut être remplacé par *tout à fait, très*. Comme tous les adverbes, il est **invariable** : *Ils portent des vêtements* **tout** *(adverbe invariable) mouillés par la pluie ; Les élèves doivent réviser la leçon* **tout** *(adverbe invariable) entière.*

Attention ! L'adverbe *tout* s'accorde devant un adjectif féminin commençant par une consonne ou un *h* aspiré : *Une robe* **toute** *(accord devant un adjectif féminin commençant par une consonne) blanche.* *Elles sont toutes belles. toutes contentes.*

* Voir le tableau phonétique p. 5.

Appliquer

1 Complète par *tout* ou *toute* les phrases suivantes. Surligne les déterminants indéfinis, souligne les adverbes et entoure les pronoms indéfinis.

1. Ces ordinateurs sont .... neufs.

2. Il préfère l'été à .... autre saison.

3. Martin préfère les jeux de dames à .... autre jeu.

4. Elle est tombée dans la piscine .... habillée.

5. Cléopâtre était .... rouge de colère.

6. Dans ce magasin, ... doit disparaître avant les travaux.

2 Complète par *tous* ou *tout* les phrases suivantes. Surligne les déterminants indéfinis, souligne les adverbes et entoure les pronoms indéfinis.

1. De .... les livres que j'ai lus, c'est celui que je préfère. – 2. Mes résultats sont .... à fait conformes à mes attentes : mes objectifs sont .... atteints. – 3. .... élève devra rechercher un stage. – 4. Il suffit de faire les branchements pour que .... fonctionne. – 5. Le jardin était .... embaumé par l'odeur des fleurs.

Préparer la dictée

Sage l'Ancien, un cochon, a réuni les animaux de la ferme. Il leur fait un discours pour les inviter à se rebeller contre le fermier qui les exploite, Mr. Jones.

> **Tous les animaux** étaient maintenant au rendez-vous et les voyant à l'aise et tout attentifs, Sage l'Ancien commença en ces termes.
>
> « Camarades, vous avez déjà entendu parler du rêve étrange qui m'est venu la nuit dernière. Mais j'y reviendrai tout à l'heure. Au cours de ma longue existence, j'ai eu tout loisir de méditer. J'ai, sur la nature de la vie en ce monde, autant de lumières que **tout autre animal**. C'est de quoi je désire vous parler.
>
> **Quelle est donc, camarades, la nature de notre existence** ? Nous avons une vie de labeur. Une fois au monde, il nous est donné tout juste de quoi survivre ».

George Orwell, *La Ferme des animaux*, Traduction Jean Queval, © Éd. IVREA, Champ Libre, Paris, 1981 et 1995.

3 **Identifie la nature grammaticale de *tout* ou *tous* dans les GN de la dictée.**

Tous les animaux •

Tout attentifs • • Déterminant indéfini

Tout à l'heure • • Pronom indéfini

Tout loisir • • Adverbe

Tout autre animal •

Tout juste •

4 **Réécris le groupe nominal *Tous les animaux* (en bleu) en remplaçant *animaux* par *bêtes*.**

....

5 **Réécris le groupe nominal *Tout autre animal* (en bleu) en remplaçant *animal* par *bête*.**

....

6 **Observe la phrase en gras dans la dictée. Donne la nature de *quelle*. Coche la bonne réponse.**

1. *Quelle* est un :   ❑ pronom interrogatif   ❑ déterminant interrogatif

2. Il s'accorde avec le mot : ....

7 **Dans les phrases suivantes, complète les verbes par *-er* ou *-ez*. Puis, surligne les pronoms personnels sujets *vous*.**

1. C'est de quoi je désire vous parl.... 2. Parl...-vous anglais ?

3. Vous me parl... d'un sujet qui m'intéresse. 4. Parl... moins fort.

> Attention, *vous* n'est pas toujours le sujet du verbe.

21

9 Identifier et écrire *même*

Même peut être un déterminant, un pronom ou un adverbe.

● ***Même* déterminant indéfini** suivi d'un nom au masculin ou au féminin singulier. *Même* = pareil, semblable : *Ils ont eu la **même** idée en **même** temps. Ils ont les **mêmes** chaussures.*

● ***Le même, les mêmes*... sont des pronoms indéfinis** : *Tu as fait une erreur au problème ; j'ai fait **la même** ! J'aime bien tes chaussures ; j'ai **les mêmes**.*

Remarque
Moi-même, toi-même, elle(s)-même(s), lui-même, soi-même, nous-mêmes, vous-mêmes, eux-mêmes sont des pronoms personnels réfléchis et ils s'accordent.

● ***Même* adverbe reste invariable.**

– *Même* avant un groupe nominal introduit par l'article défini : ***Même** les meilleurs élèves* (les meilleurs élèves **aussi**) *sont tombés dans le piège de ce problème.*

– *Même* après un verbe : *Dans ce lycée, on enseigne **même** (**aussi**) le chinois.*

Appliquer

1 **Dans les phrases suivantes, identifie la nature de *même* en cochant la bonne case.**

1. Nous partageons la *même* passion pour la musique.

❑ déterminant ❑ pronom ❑ adverbe

2. Depuis chez elle, on voit *même* la Tour Eiffel.

❑ déterminant ❑ pronom ❑ adverbe

3. Ce sont toujours *les mêmes* qui arrivent en retard !

❑ déterminant ❑ pronom ❑ adverbe

4. Tous les enfants de cette famille font de la voile, *même* les plus jeunes.

❑ déterminant ❑ pronom ❑ adverbe

2 **Dans les phrases suivantes, accorde *même* si nécessaire.**

1. Ils ont réalisé *eux-même*... les travaux de cette maison.

2. Toutes les fautes comptent, *même*... les fautes d'accent.

3. Ils partagent les *même*... goûts.

4. *Même*... excusés, les élèves qui arrivent en retard ne pourront assister au cours.

5. Elles sont allées le prévenir *elles-même*...

6. C'est toujours la *même*... chose : il ne supporte personne, *même*... les chats le dérangent.

Préparer la dictée

Les animaux se sont emparés de la ferme de Mr. Jones. Ils gagnent les champs et commencent la fenaison.

Les chevaux Malabar et Douce s'attelaient tout seuls au râteau ou à la faucheuse et ils arpentaient le champ. Et chaque animal jusqu'au plus modeste besognait à faner et ramasser le foin. <u>Même</u> les canards et les poules sans relâche allaient et venaient sous le soleil. Et nul gaspillage, car poules et canards avaient glané jusqu'au plus petit brin. Tout aliment leur était plus délectable. Malabar faisait l'admiration de tous. <u>Même</u>, certains jours, tout le travail de la ferme semblait reposer sur sa puissante encolure. À tout problème et à tout revers, il opposait sa conviction : « Je vais travailler plus dur. »

George Orwell, *La Ferme des animaux*, Traduction Jean Queval, © Éd. IVREA, Champ Libre, Paris, 1981 et 1995.

3 **a. Dans la dictée, surligne les deux occurrences du mot *même*.**

b. Quelle est leur fonction ? Coche la bonne case.

❑ déterminant   ❑ pronom   ❑ adverbe

4 **Dans les phrases suivantes, identifie la nature de *tout* et *tous*.**

1. « Les chevaux Malabar et Douce s'attelaient *tout* seuls au râteau ou à la faucheuse. »

❑ déterminant   ❑ pronom   ❑ adverbe

2. « Même, certains jours, *tout* le travail de la ferme semblait reposer sur sa puissante encolure. »

❑ déterminant   ❑ pronom   ❑ adverbe

3. « Malabar faisait l'admiration de *tous*. »

❑ déterminant   ❑ pronom   ❑ adverbe

5 **Dans les phrases suivantes, remplace le déterminant *tout* par un autre déterminant indéfini.**

1. « *Tout* (............) aliment leur était plus délectable. »

2. « À *tout* (.........) problème et à *tout* (.........) revers, il opposait sa conviction. »

Aide-toi de la leçon de l'unité 8, p. 20.

6 **Dans la dictée, entoure trois autres déterminants indéfinis. Indique celui qui est toujours suivi d'un groupe nominal au singulier.**

....

....

Accorder un nom ou une forme verbale en -ant

Plusieurs classes de mots peuvent se terminer par le suffixe **-ant**.

● **Le participe présent** se construit à partir du radical d'un verbe : ***précéd**-er* ⟶ *précéd-**ant**.* Il est **invariable**. Il exprime **ce que l'on fait** : *Le mois **précédant** les examens, les étudiants sont en pleines révisions.*

● **Le gérondif** se construit à partir du participe présent précédé de la préposition *en* : *en précédant.* Il est **invariable** : ***En** le **précédant** de peu, tu t'es assuré la victoire.*

● **L'adjectif verbal** est un adjectif qualificatif dérivé d'un participe présent. Il s'accorde en genre et en nombre avec le nom ou groupe nominal qu'il caractérise. Il exprime comment est le groupe nominal : *Il l'avait rencontré le mois précé**dent**.*

Attention ! L'adjectif verbal peut subir des modifications orthographiques : *équiv**al**ant* (participe présent) ⟶ *équiv**al**ent* (adjectif verbal). Pour vérifier que *précédent* est un adjectif verbal, on peut remplacer le nom masculin par le nom féminin, ce qui permet d'entendre l'accord au féminin : *le mois précédent* ⟶ *l'année précéden**te**.*

Appliquer

1 **Dans les phrases suivantes, écris entre parenthèses la nature du mot en italiques.**

1. Le ventilateur *rafraîchissant* (............................) l'air est apprécié en période de canicule.

2. L'homme *présidant* (............................) l'assemblée est le *président* (............................) directeur général.

3. En *perçant* (............................) son abcès, le médecin a soulagé son patient.

4. Ce chat à des yeux *perçants* (............................) et *fascinants* (........................).

2 **Coche la bonne réponse dans les phrases suivantes.**

1. Ils ont des points de vue ❏ différant ❏ différent ❏ différents sur la question.

2. En ❏ différant ❏ différent ❏ différents leur voyage, ils ont pu le payer moins cher.

3. Un ❏ différant ❏ différent ❏ différend oppose ces deux personnes.

4. Ce sparadrap ❏ adhérant ❏ adhérent à la plaie est difficile à enlever.

5. Les ❏ adhérant ❏ adhérent ❏ adhérents de cette association se sont réunis.

3 **Complète le tableau suivant.**

Verbe	Participe présent	Adjectif verbal	Nom
intriguer	....	....	un ....
fabriquer	....		un ....

Préparer la dictée

Parut à la porte un couple charmant : une enfant de seize ans avec corsage de velours et jupe à grands volants ; un jeune personnage en habit à haut col et pantalon à élastiques. Ils traversèrent la salle, esquissant un pas de deux ; d'autres les suivirent ; puis d'autres passèrent en courant, poussant des cris, poursuivis par un grand Pierrot blafard, aux manches trop longues, coiffé d'un bonnet noir et riant d'une bouche édentée. Il courait à grandes enjambées maladroites. Les jeunes filles en avaient peur ; il paraissait faire la joie des enfants qui le poursuivaient avec des cris perçants.

Alain-Fournier, *Le Grand Meaulnes*, Éd. Arthème Fayard, 1986.

4 Dans la dictée, souligne deux adjectifs verbaux, surligne trois participes présents et entoure un gérondif.

5 Relie les formes en *-ant* à l'affirmation qui convient.

charmant   •

esquissant   •   •   variable

poussant   •   •   invariable

riant   •

6 a. Écris le groupe nominal suivant au féminin puis au pluriel.

« Un couple charmant » : une femme .... ; des couples ....

b. Écris le groupe nominal suivant au singulier, puis au féminin.

« Des cris perçants » : un .... ; une vue ....

7 Entoure le nom masculin puis écris le groupe nominal au singulier.

À grands volants : avec un ....

8 Souligne un P.P. épithète et surligne deux P.P. apposés.
Entoure le nom (ou pronom) avec lequel s'accorde ces P.P. employés comme adjectifs qualificatifs.

« Puis d'autres passèrent en courant, poussant des cris, poursuivis par un grand Pierrot blafard, aux manches trop longues, coiffé d'un bonnet noir et riant d'une bouche édentée. »

> L'adjectif qualificatif et le participe passé (P.P.) en fonction d'épithète sont placés avant ou après le nom qu'ils caractérisent. En fonction apposée, ils sont séparés du nom par une virgule.

Écrire un verbe au futur simple ou au présent du conditionnel

- **Le futur de l'indicatif** se construit à partir du verbe à l'**infinitif** auquel on ajoute les **terminaisons du verbe *avoir* au présent** : *Je chanter-**ai**, tu chanter-**as**, il chanter-**a**, nous chanter-**ons**, vous chanter-**ez**, ils chanter-**ont**.*

- **Le présent du conditionnel** se construit à partir du verbe à l'**infinitif** auquel on ajoute les **terminaisons du verbe *avoir* à l'imparfait** : *Je chanter-**ais**, tu chanter-**ais**, il chanter-**ait**, nous chanter-**ions**, vous chanter-**iez**, ils chanter-**aient**.*

- **Certains verbes prennent deux *r* au futur et au conditionnel** :
pouvoir ⟶ *je pou**rr**ai(s)* ; *mourir* ⟶ *je mou**rr**ai(s)* ; *courir* ⟶ *je cou**rr**ai(s)* ; *voir* ⟶ *je ve**rr**ai(s)* ; *envoyer* ⟶ *j'enve**rr**ai(s)* ; *conquérir* ⟶ *je conque**rr**ai(s).*

Attention ! Ne pas confondre le futur et le conditionnel à la 1ʳᵉ personne du singulier. Pour les distinguer, conjuguer le verbe à une autre personne où la confusion futur/conditionnel n'est plus possible :
– *Si je le peux, je **partirai** (elle partira) en vacances. (futur)*
– *Si je le pouvais, je **partirais** (elle partirait) en vacances. (conditionnel)*

Appliquer

1 Conjugue les verbes suivants aux personnes demandées du futur de l'indicatif.

épeler : vous ....

secourir : je ....

remuer : il ....

voir : ils ....

prier : je ....

projeter : il ....

acquérir : tu ....

nettoyer : vous ....

envoyer : nous ....

savoir : ils ....

établir : ils ....

être : je ....

> Attention au *e* muet au futur et conditionnel des verbes du 1ᵉʳ groupe dont le radical se termine par une voyelle : *crier → je crierai(s)* ; *louer → je louerai(s).*

2 Conjugue les verbes entre parenthèses au futur simple ou au présent du conditionnel.

1. Je (pouvoir) .... te donner une réponse bientôt.

2. À ta place, j'(essayer) .... de la rappeler.

3. Je (vouloir) .... vous demander un conseil.

> Change de pers. pour distinguer les terminaisons homophones à la 1ʳᵉ pers. du sing.

3 Écris les verbes entre parenthèses au futur simple ou au présent du conditionnel.

Exemple : S'il le *veut* je l'aider**ai** (futur) / s'il le *voulait* je l'aider**ais** (conditionnel).

1. Si tu m'*écris* je te (répondre) ....

2. Il *croyait* que je (venir) les voir pendant les vacances ....

3. Si je n'*ai* pas trop de travail, j'(aller) au cinéma ce soir ....

4. Si je n'*étais* pas si fatigué, je (faire) une randonnée en vélo ....

Préparer la dictée

Augustine Viellat cache dans sa ferme des résistants. Avant de partir pour Londres, l'un d'eux, Gerbier, veut la remercier.

– Comme nous serons très pressés ce soir, Madame, je voudrais savoir tout de suite ce que je vous dois, lui dit Gerbier.

– Oh, murmura Augustine… Oh ! Comment pouvez-vous…

– Mais enfin… huit personnes toute une semaine… par ces temps difficiles, insista Gerbier.

– Je vous apprendrai que tout paysans qu'ils sont, les Viellat sont aussi fiers que vous.

– Je voudrais que vous me permettiez de vous rapporter quelque chose de Londres quand je reviendrai. J'aimerais vous ramener un souvenir.

Augustine reprit sa respiration et chuchota :

– Des armes, donnez-moi des armes. Ça servira à tout le canton, le jour qu'il faudra.

Joseph Kessel, *L'Armée des ombres*, Éditions de Crémille, 1972.

4 **Dans la dictée, surligne trois verbes conjugués au présent du conditionnel et souligne trois verbes conjugués au futur simple.**

5 **Dans les phrases suivantes, conjugue les verbes à la 3ᵉ personne du singulier pour distinguer le futur du conditionnel.**

1. Je voudrais (elle …………………………………………) savoir ce que je vous dois (elle vous doit).

2. Je vous apprendrai (elle vous ……………………………………) que tout paysans qu'ils sont, les Viellat sont aussi fiers que vous.

3. Je voudrais (il ………………………………) que vous me (lui) permettiez de vous rapporter quelque chose de Londres.

4. J'aimerais (il …………………………………………) vous ramener un souvenir.

6 **a. Dans les phrases précédentes, quelle idée les trois verbes conjugués au présent du conditionnel expriment-ils ?**

❏ une certitude   ❏ un souhait

b. Quelle idée le futur de l'indicatif exprime-t-il dans la phrase 2 de l'exercice 5 ?

❏ une certitude   ❏ un souhait

7 **Complète les phrases suivantes par -é, -ez ou -er.**

1. Je serai très press… ce soir.   **3.** Je voudrais que vous me permetti… de vous rapport…

2. Comment pouv…-vous ?   **4.** Donn…-moi des armes.

27

Écrire un verbe au présent de l'indicatif

● Au présent de l'indicatif, les terminaisons varient en fonction du groupe :

– **1er groupe** : *je chant-e, tu chant-es, il chant-e, nous chant-ons, vous chant-ez, ils chant-ent.*

– **2e groupe** : *je fin-is, tu fin-is, il fin-it, nous fin-issons, vous fin-issez, ils fin-issent.*

– **3e groupe, trois types de terminaisons possibles** aux trois premières personnes du singulier :

    a. la plupart des verbes se terminent par **-s, -s, -t** : *je pars, tu pars, il part* ;

    b. les verbes dont l'infinitif est en **-dre** se terminent par **-ds, -ds, -d** : *je prends, tu prends, il prend.*

Attention ! Les verbes dont l'infinitif est en **-indre** (*craindre, peindre, joindre*) ou en **-soudre** (*résoudre, dissoudre*) se terminent en **-s, -s, -t** : *je peins, tu peins, il peint* ; *je résous, tu résous, il résout.*

– Les verbes *pouvoir, vouloir* et *valoir* se terminent par **-x, -x, -t** : *je peux, tu peux, il peut.*

Appliquer

1 Écris la terminaison du présent de l'indicatif aux verbes du 3e groupe suivants.

1. je pren……… – **2.** il dissou……… – **3.** tu rejoin………… – **4.** tu cou………… – **5.** tu résou…………

– **6.** tu veu………… – **7.** il mor………… – **8.** tu exclu…………

2 Complète les terminaisons suivantes des verbes conjugués au présent de l'indicatif.

1. Cet enfant grandi… rapidement. – **2.** Il appréci… de ne plus aller travailler en voiture. – **3.** Tu t'ennui… quand ton grand frère est absent. – **4.** Il écri… des articles dans les journaux. – **5.** Elle nou… habilement ses cheveux. – **6.** Il mou… le café en grains. – **7.** Tu résou… tes problèmes avec énergie. – **8.** Il éternu… : j'en conclu… qu'il est enrhumé.

> Cherche l'infinitif du verbe pour mettre la bonne terminaison.

3 Conjugue les verbes suivants au présent de l'indicatif en faisant attention aux modifications de radical.

1. prendre : je ………………… nous ………………… ils …………………

2. vouloir : je ………………… nous ………………… ils …………………

3. conquérir : je ………………… nous ………………… ils …………………

4. lancer : nous ………………… nager : nous …………………

5. jeter : je ………………… congeler : je …………………

6. appeler : j'………………… essuyer : j' …………………

Préparer la dictée

Victor Hugo est un farouche opposant à la peine de mort. Dans la Préface du Dernier Jour d'un condamné, *il donne trois exemples d'exécutions particulièrement atroces et épouvantables pour souligner la barbarie de cette pratique.*

> Au mois de septembre dernier, on vient trouver un homme dans sa prison, où on lui signifie qu'il faut mourir dans deux heures. On le rase, on le tond, on le garrotte, on le confesse ; puis on le brouette entre quatre gendarmes, et à travers la foule, au lieu de l'exécution. Arrivé à l'échafaud, le bourreau le prend au prêtre, l'emporte, le ficelle sur la bascule, l'enfourne, je me sers ici du mot d'argot, puis il lâche le couperet. L'homme pousse un cri affreux. Le bourreau, déconcerté, relève le couperet et le laisse retomber. Le couperet mord le cou du patient une seconde fois, mais ne le tranche pas.

D'après Victor Hugo, *Le Dernier Jour d'un condamné*, 1829.

4 a. **Conjugue les verbes suivants à la 3ᵉ personne du singulier du présent de l'indicatif.**

Tondre	Prendre	Mordre	Craindre
....	....	....	....

b. **Quel est l'intrus ?** ....

5 **Écris l'infinitif des verbes conjugués ci-dessous au présent de l'indicatif.**

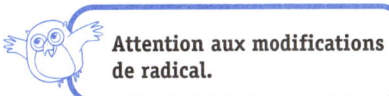 Attention aux modifications de radical.

On le brouette	On le jette	On le ficelle
....	....	....

6 **Conjugue les verbes suivants à la 3ᵉ personne du singulier du présent de l'indicatif.**

signifier : .... suffire : ....

7 **Conjugue le verbe** *venir* **aux personnes demandées du présent de l'indicatif.**

 Attention aux modifications de radical.

venir : je .... nous .... ils ....

8 **Complète le tableau suivant à l'aide de mots de la dictée terminés par le son [o].**

	-aud	-ot	-eau
	....	....	....
Mots de la même famille	....	....	

Écrire un verbe au présent du subjonctif

Aux 1er, 2e ou 3e groupes, les terminaisons des verbes au présent du subjonctif sont toujours les mêmes : *-e, -es, -e, -ions, -iez, -ent*.

1er groupe	2e groupe	3e groupe
Chanter	**Finir**	**Prendre**
Que je chant-*e*	Que je finiss-*e*	Que je prenn-*e*
Que tu chant-*es*	Que tu finiss-*es*	Que tu prenn-*es*
Qu'il chant-*e*	Qu'il finiss-*e*	Qu'il prenn-*e*
Que nous chant-*ions*	Que nous finiss-*ions*	Que nous pren-*ions*
Que vous chant-*iez*	Que vous finiss-*iez*	Que vous pren-*iez*
Qu'ils chant-*ent*	Qu'ils finiss-*ent*	Qu'ils prenn-*ent*

● **Le radical des verbes du 3e groupe au subjonctif est souvent irrégulier.** Pour trouver ce radical, faire précéder le verbe du 3e groupe de la locution verbale *Il faut que* : *Il faut qu'il fasse* (faire), *il faut qu'il veuille* (vouloir).

● Le présent du subjonctif se rencontre en **proposition indépendante** pour exprimer un ordre, un conseil ou une interdiction : *Qu'il fasse ses devoirs !*

● On trouve aussi le présent du subjonctif en **proposition subordonnée** pour exprimer une possibilité, une éventualité, après certaines conjonctions de subordination dont les plus courantes sont les suivantes : *bien que, quoique, avant que, jusqu'à ce que, pour que, afin que, sans que…*

Appliquer

1 Conjugue les verbes suivants aux personnes demandées du présent de l'indicatif puis du présent du subjonctif.

1. vouloir : tu .... que tu ....

2. pouvoir : il .... qu'il ....

3. acquérir : j' .... que j' ....

4. peindre : vous .... que vous ....

2 Dans les phrases suivantes, conjugue le verbe à l'indicatif ou au subjonctif.

1. Il veut que tu (parcourir) .... cette distance en moins de trois heures ! – **2.** Il arrivera à l'heure si elle (parcourir) .... cette distance en moins de trois heures. – **3.** Il me montre son cahier pour que je (voir) .... les progrès qu'il a accomplis. – **4.** Je ne conduis pas de nuit parce que je ne (voir) .... pas bien.

> Pour distinguer les terminaisons homophones du présent de l'indicatif et du subjonctif (*je cours/que je coure*), remplace ce verbe par le verbe *faire* (*je fais/que je fasse*). Ex. : *Quoiqu'il coure (fasse des courses à pied) toutes les semaines, il se montre peu résistant. Je cours (je fais des courses) tous les dimanches.*

Préparer la dictée

Ce dialogue dramatique prend place à la fin du roman. Milady est sur le point d'être exécutée par le bourreau.

« Je vous pardonne, lui dit Athos, mon honneur perdu. Mourez en paix. »

Alors elle jeta autour d'elle un de ces regards clairs qui semblaient jaillir d'un œil de flamme.

« Où vais-je mourir ? dit-elle.

– Sur l'autre rive. » répondit le bourreau.

Alors il entra dans une barque, et comme il allait y mettre le pied Athos lui remit une somme

d'argent.

« Tenez, dit-il, voici le prix de l'exécution ; **que l'on <u>voie</u> bien que nous agissons en juges.**

– C'est bien, dit le bourreau, et que maintenant à son tour cette femme sache que je n'ac-

complis pas mon métier mais mon devoir. »

Et il jeta l'argent dans la rivière.

Alexandre Dumas, *Les Trois Mousquetaires*, 1844.

3 **a. À quels temps, mode et personne le verbe souligné est-il conjugué dans la phrase en gras de la dictée ?**

Temps .... Mode .... Personne ....

b. Conjugue ce verbe à la 3e personne du singulier du présent de l'indicatif.

....

c. Quelle idée le subjonctif exprime-t-il dans cette phrase ? Coche la bonne réponse.

❏ une possibilité   ❏ une éventualité   ❏ un ordre

4 **Complète le tableau en conjuguant le verbe *savoir* aux temps, modes et personnes demandés.**

Présent de l'indicatif	Présent du subjonctif	Présent de l'impératif
je	qu'il	2e pers du plur. : ....

5 **Réécris la phrase en remplaçant *il* par *ils*. Fais toutes les modifications nécessaires.**

« Alors il entra dans une barque, et comme il allait y mettre le pied Athos lui remit

une somme d'argent. »

....

....

Aide-toi de l'unité 15, p. 34.

14 Écrire un verbe au présent de l'impératif

● **Le mode impératif exprime un commandement, un conseil, une prière.**

Il existe uniquement à la 2ᵉ personne du singulier et aux 1ʳᵉ et 2ᵉ personnes du pluriel. Il se caractérise par l'absence de pronoms personnels sujets.

● **Le présent de l'impératif emprunte ses terminaisons à l'indicatif présent.**

1ᵉʳ groupe	2ᵉ groupe	3ᵉ groupe
chante, chantons, chantez	*finis, finissons, finissez*	*pars, partons, partez*

– Cependant, on supprime le -*s* final à la 2ᵉ personne du singulier des verbes des 1ᵉʳ et 3ᵉ groupes qui se terminent en -*e* (*offre ; sache*). **Attention au verbe *aller*** : *va, allons, allez*.
– Quand l'impératif **est suivi de *en* ou *y*** on maintient un -*s* de liaison : *Achète du pain.*
⟶ *achètes-en. Va* ⟶ *vas-y.*

● **Les verbes *être, avoir, savoir* et *vouloir* empruntent leur radical au présent du subjonctif.**

Avoir	Être	Savoir	Vouloir
aie, ayons, ayez	*sois, soyons, soyez*	*sache, sachons, sachez*	*veuille, voulons, veuillez*

Appliquer

1 Complète le tableau ci-dessous.

	Présent de l'indicatif	Présent du subjonctif	Présent de l'impératif
Chanter	tu chant**es**	que tu chant**es**	chant**e**
Prendre	tu	que tu	....
Sentir	nous	que nous	....
Vouloir	vous	que vous	....
Acquérir	tu	que tu	....
Secourir	tu	que tu	....

2 Voici un mode d'emploi pour construire un diaporama. **Complète-le en conjuguant les verbes entre parenthèses à la 2ᵉ personne du singulier du présent de l'impératif.**

Pour construire un diaporama, (respecter) .... les étapes suivantes. (Écrire) .... le scénario du diaporama. (Définir) .... le nombre et le contenu des diapositives. (Réaliser) .... leur mise en forme (forme des cadres, arrière-plan, police de carac- tères…). Si tu rencontres des difficultés dans la réalisation de ton travail, (en parler) .... à ton professeur de technologie. N'(avoir) .... pas peur ; (aller) .... le consulter. Il te donnera des conseils et des précisions.

Les lettres muettes intercalées

1 **Complète les phrases suivantes par une lettre muette (*h*, *p* ou *m*).**

1. Il a un r**h**ume. – **2.** Il boit du r**h**um. – **3.** Il verse un acom**p**te. – **4.** Il a in**h**alé un gaz toxique. – **5.** Sur ce portail, on a scul**p**té les élus et les da**m**nés. – **6.** C'est sa se**p**tième conda**m**…nation pour vol. – **7.** C'est un spécialiste de la pré**h**istoire. – **8.** Au Moyen Âge, un homme mal**h**onnête est dés**h**onoré.

● Isoler le radical des mots dérivés facilite l'écriture des mots et le repérage des consonnes muettes : sept|ième, pré|histoire|, mal|honnête|, dés|honorer|.

2 **Écris correctement les noms dérivés des verbes du Iᵉʳ groupe suivants.**

1. enrouer : un enrouement
2. bégayer : un bégaiement
3. dénouer : un dénouement
4. licencier : un licenciement
5. payer : un paiement
6. remercier : un remerciement

● Ne pas confondre les noms dérivés d'un verbe du 1ᵉʳ groupe (*payer* → *paiement*) avec des noms qui se terminent en *-ment* (*appartement*, *moment*) et les adverbes dérivés d'un adjectif (*lente* → *lentement*).

3 **Construis des mots à partir des racines grecques suivantes. Orthographie-les correctement.**

1. rhino (nez) : oto-rhino-laryngologiste, rhinocéros, rhinoplastie.
2. théo (dieu) : théologie, polythéiste, Théophile.
3. pathie (souffrance) : sympathie, antipathie, pathologie.
4. ortho (droit, correct) : orthographe, orthopédie, orthophonie.

● Les mots qui viennent du grec s'écrivent *th*, *ch* ou *rh*.

4 **Construis le nom dérivé du verbe aboyer.**

aboyer : un aboiement

● On a deux noms dérivés du verbe aboyer : *aboiement* et *aboi*. Le nom *aboi* n'est plus employé qu'au pluriel dans l'expression « être aux abois » (être dans une situation désespérée).

5 **Relève dans la dictée deux mots qui s'écrivent avec un *h* intercalé.**

Sur quoi, ce sont dehors des aboiements affreux, et bientôt se ruent à l'intérieur de la grange neuf molosses portant des colliers incrustés de cuivre. Ils se jettent sur Boule de Neige, qui de justesse échappe à leurs crocs. L'instant d'après, il avait passé la porte, les chiens à ses trousses. Alors, trop abasourdis et épouvantés pour élever la voix, les animaux se pressèrent en cohue vers la sortie, pour voir la poursuite. Boule de Neige courait comme seul un cochon peut courir, les chiens sur ses talons. Mais tout à coup, voici qu'il glisse, et l'on croit que les chiens sont sur lui.

1. de**h**ors   2. co**h**ue

● *Hors* est un adverbe et une préposition exprimant le lieu. Ce mot est dérivé de l'adverbe *dehors*.

6 **Complète le tableau à l'aide de mots que tu relèveras dans la dictée.**

● La lettre *s* entre deux voyelles se prononce [z].

Le son [s]		Le son [z]
-s- entre une voyelle et une consonne	*-ss-* entre deux voyelles	*-s-* entre deux voyelles
incrustés, justesse, poursuite	molosse, justesse, passé, trousses, pressèrent, glisse	abasourdie

7 Complète les phrases suivantes à l'aide d'homophones du mot *coup*. Aide-toi du dictionnaire pour les orthographier correctement.

1. Le **coût** de la vie a augmenté.
2. Le chien porte au **cou** un collier.
3. Tout à **coup**, le téléphone sonna.
4. Il a reçu un **coup** sur la tête.

● *Cou* : nom dérivé du nom *col*. La consonne finale *l* s'est vocalisée en *u*.
● *Coup* (du latin *calpus*) : la consonne finale vient du mot latin.

Orthographe d'usage

Les adverbes en -*ment*

1 Écris les adverbes formés à partir des adjectifs suivants.

1. secret : secrètement
2. amer : amèrement
3. heureux : heureusement
4. résolu : résolument
5. absolu : absolument
6. sûr : sûrement

● N'oublie pas l'accent sur l'adverbe pour marquer le son [e]. Il vient de l'adjectif au féminin (*secret* → *secrète*) auquel on a ajouté le suffixe -*ment*.

2 Complète les adverbes suivants en [amã]. Pour t'aider, certains adjectifs dont sont dérivés les adverbes ont été écrits entre parenthèses. Complète ceux qui manquent.

1. fréquemment (fréquent) **2.** élégamment (élégant) **3.** bruyamment (bruyant) **4.** différemment (différent) **5.** apparamment (apparent) **6.** récemment (récent)

3 Dans les phrases suivantes, surligne les noms qui se terminent en -*ment* ; souligne les adverbes qui se terminent en -*ment*. Accorde les noms si nécessaire.

1. Il écoute <u>attentivement</u> les aboiements des chiens.
2. On entend <u>fréquemment</u> des craquements dans les vieilles maisons.
3. Les glissements de terrain sont <u>apparemment</u> dus à un affaissement du sol.

● *Attentivement, fréquemment* et *apparemment* sont des adverbes dérivés d'adjectifs.
● *Aboiement, craquement, glissement* et *affaissement* sont des noms dérivés d'un verbe du 1er groupe.

4 Surligne, dans la dictée, trois adverbes construits avec le suffixe -*ment*.

En conséquence, il fallait occuper le temps d'une façon ou d'une autre entre chacune de ses apparitions, que j'attendais évidemment avec impatience. Je lisais beaucoup et j'avais appris à préparer des plats succulents grâce aux conseils culinaires de la femme du médecin. Un seul impératif : pas le moindre bruit. Je me déplaçais donc tout doucement, sur la pointe des pieds. Les murs n'étaient pas épais et un simple mouvement inconsidéré pouvait me trahir auprès de mes voisins. Par contre, je ne les entendais que trop bien, eux, et notamment ceux qui vivaient à gauche du palier.

● Les adverbes *évidemment* et *notamment* prennent deux *m* car ils se terminent pas le son [amã].

5 Complète le tableau suivant qui résume la formation de l'adverbe *doucement*.

Adjectif au masculin	Adjectif au féminin	Adverbe en -*ment* dérivé
doux	douce	doucement

● L'adverbe *doucement* est construit à partir de l'adjectif *doux* au féminin (*douce*) auquel on ajoute le suffixe adverbal -*ment* : *douce-ment*.

6 Écris l'adjectif à partir duquel on a construit l'adverbe *évidemment*.
L'adjectif *évident* : au féminin *évidente* auquel on ajoute le suffixe *-ment*.

● Le *n* s'est transformé en *m* au contact du *m* du suffixe *-ment*.

7 Remplace le groupe nominal prépositionnel *avec impatience* par un adverbe en *-ment*.
impatiemment

● Cet adverbe est construit à partir de l'adjectif *impatient*.

8 Relève, dans la dictée, un autre adverbe en [amã].
notamment

9 Écris la proposition suivante au pluriel.
« un simple mouvement inconsidéré pouvait me trahir auprès de mes voisins. »
De simples mouvements inconsidérés pouvaient me trahir auprès de mes voisins.

● *Un*, déterminant article indéfini, s'est transformé au pluriel en *de* devant un adjectif.

Orthographe d'usage

Doubler la consonne

1 Complète les pointillés par la consonne simple ou double qui convient.
1. Complète par *f* ou *ff* : ef*f*acer, a*f*ricain, of*f*ert, af*f*ectation, ef*f*raction.
2. Complète par *p* ou *pp* : a*p*ercevoir, a*pp*araître, a*p*itoyer, a*pp*artement.
3. Complète par *c* ou *cc* : ac*c*ueilllir, a*c*ompte, ac*c*rocher, a*c*oustique, ac*c*almie, o*c*ulaire.

● Tu peux revoir les exceptions dans la leçon p. 10.

2 Écris les antonymes (les contraires) des mots suivants à l'aide du préfixe *in-*.
1. résistible : irrésistible
2. matériel : immatériel
3. limité : illimité
4. responsable : irresponsable

● Le préfixe *in-* devient *im-* devant un mot commençant par *m* ; *il-* devant un mot commençant par *l* et *ir-* devant un mot commençant par *r*.

3 Complète la grille de mots croisés suivante.

HORIZONTALEMENT
A. État caractérisé par l'absence de pesanteur que l'on rencontre sur la lune.
B. Feuille représentée sur les chapiteaux corinthiens.

VERTICALEMENT
1. Au théâtre, paroles prononcées par un personnage pour le public.
2. Bois exotique précieux.
3. Qui concerne l'étude des sons.
4. Qui pique.

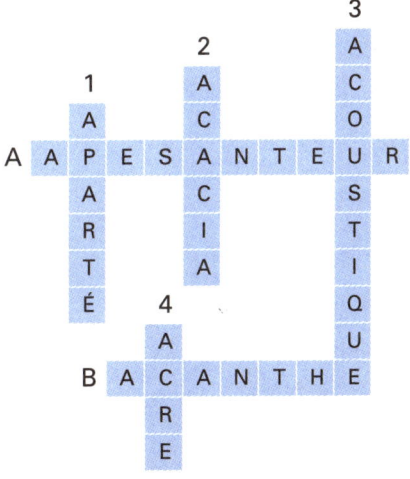

4 Relève, dans la dictée, un verbe au participe passé commençant par *app-*.

J'ai entendu des coups de feu. Je me suis précipité à la fenêtre : une rangée de policiers tirait à l'aveuglette dans la foule. Après quelques minutes, des camions SS sont apparus : la portion de la rue dans laquelle mon immeuble se trouvait a été encerclée. Des groupes de la Gestapo ont commencé à entrer dans chaque bâtiment et à en ressortir en poussant des hommes devant eux. Je les ai vus s'engouffrer sous mon porche… J'ai entendu les Allemands crier quelques étages plus bas. Une demi-heure s'est écoulée. Un calme irréel s'est installé. Je suis allé à la fenêtre : les véhicules SS avaient disparu.

apparus

● Les verbes en *app-* prennent deux *p* sauf : *apaiser, apercevoir, apeurer, apitoyer, aplanir, aplatir, apostropher*.

5 Relève, dans la dictée, deux mots commençant par le préfixe *in-* et encadre le radical de chacun de ces mots.

Le nom im⟨meuble⟩, et l'adjectif ir⟨réel⟩

6 Les racines *meuble*, *mobile* et *mobilier* ont la même origine latine et désignent ce qui bouge. Construis les antonymes de ces mots à l'aide du préfixe *in-*.

1. meuble : immeuble   **2.** mobile : immobile   **3.** mobilier : immobilier

● Les antonymes sont les contraires des mots.

7 Surligne, dans la dictée, un nom féminin qui se termine en [e] et souligne un nom masculin qui se termine en [e].

● Les noms masculins de métier se terminent en *-er* : le pâtissier.

8 Complète les phrases suivantes avec l'adjectif *demi* que tu accorderas si nécessaire.

1. Elle n'a reçu aucun appel pendant une demi-heure.
2. Il l'a attendue une heure et demie.

9 Relève deux noms qui présentent un accent circonflexe. Recherche pour chacun d'eux des mots de la même famille.
Ex. hôpital ⟶ hospice ⟶ hospitalisation.

fenêtre ⟶ défenestrer ⟶ défenestration
bâtiment ⟶ bâtir ⟶ bâtisse ⟶ bâtisseur

● L'accent circonflexe sur le deuxième *e* du nom *fenêtre* sert à transcrire le son [e]. Il remplace aussi un *-s*, qui a disparu et qui a subsisté dans les mots de la même famille : défenestrer, défenestration.
● L'accent circonflexe de *bâtiment* sert à distinguer le [a] de *patte* du [ɑ] de *pâtes*.

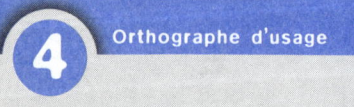

4 Orthographe d'usage

Les noms et adjectifs en [e] ou [ɛ]

1 Écris correctement les noms féminins suivants qui se terminent par le son [e].

1. Une pelletée – **2.** la qualité – **3.** la particularité – **4.** la portée – **5.** une assemblée – **6.** la clé/la clef – **7.** la plongée – **8.** la fierté – **9.** l'égalité – **10.** la fraternité – **11.** la montée – **12.** la platée

● Les noms féminins en *-té* ou en *-tié* s'écrivent sans *e* final sauf les exceptions (voir la leçon 27 p. 12 et les corrigés p. 7).

2 Écris correctement la terminaison des noms masculins en [e] dans les séries de mots suivants. Entoure l'intrus qui s'est glissé dans chaque série.

1. Le déjeuner ; le dîner ; (le canapé) ; le goûter ; le souper . – **2.** Le cerisier ; le prunier ; le citronnier ; (le blé) . – **3.** Le boucher ; le pâtissier ; (le café) ; le menuisier ; le charpentier. – **4.** Un exposé ; (le pygmée) ; un délégué ; un invité. – **5.** Un musée ; un scarabée ; un lycée ; (un pied) .

● Le mot *pied* se termine par un -*ed*. La lettre consonne finale se retrouve dans les mots de la même famille (pédestre, pédicure, pédalo…).

3 Complète les adjectifs suivants qui se terminent par les sons [ɛ] et [e]. Écris entre parenthèses le féminin. Ex. *secret* (*secrète*).

1. inquiet (inquiète) – **2.** complet (complète) – **3.** muet (muette) – **4.** particulier (particulière) – **5.** premier (première)

● L'accent grave marque le son [ɛ] au féminin : *inquiet* → *inquiète*. Pour certains adjectifs, on double la consonne finale au féminin : *muet* → *muette*.

4 a. Relève, dans la dictée, deux noms féminins qui se terminent en [e].

Nom féminin qui se termine en -ée	Nom féminin qui se termine en -é
année	simplicité

b. Quel est celui qui exprime une qualité ?
Simplicité exprime une qualité, celle de celui qui est simple.

● Beaucoup de noms féminins en -*té* ou -*tié* servent à former des noms abstraits qui expriment une qualité ou un état. Ils sont alors construits à partir d'un adjectif ou d'un nom auquel on ajoute le suffixe -*té* ou -*tié* : *bon* → *la bonté* ; *ami* → *l'amitié*.

5 Surligne, dans la dictée, un nom masculin qui désigne un arbre fruitier et encadre sa terminaison.

Je ne sais quoi de modeste, de discret, de candidement honnête était dans toute sa petite personne encore gracieuse, que je revois le plus souvent enveloppée d'un châle de cachemire rouge coiffée d'un bonn(et) de l'ancien. Sa chambre, où j'aimais venir jouer parce qu'il y avait de l'espace et qu'il y faisait soleil toute l'année, était d'une simplicité de presbytère campagnard : des meubles du Directoire en noy(er) ciré, le grand lit drapé d'une épaisse cotonnade rouge ; des murs peints à l'ocre jaune auxquels étaient accrochées, dans des cadres d'or terni, des aquarelles représentant des vases et des bouqu(et)s.

● Les noms masculins peuvent aussi se terminer en -é : *un canapé*, *le café*.

6 Souligne, dans la dictée, deux noms masculins qui se terminent en [ɛ] et entoure leur terminaison commune.

7 Écris le féminin des adjectif et participe suivants pour entendre la consonne finale.

1. discret : discrète   **2.** peint : peinte

● Pour trouver la consonne finale d'un participe passé d'un verbe du 3e groupe, le mettre au féminin.

8 Complète le tableau suivant.

Verbe à l'infinitif	Participe passé	Nom dérivé du participe passé
cirer	ciré	un ciré
draper	drapé	un drapé

9 Relève, dans la dictée, le groupe nominal avec lequel le participe passé *accrochées* (en bleu) est accordé. Quelle est la fonction grammaticale de ce groupe nominal ?

Le groupe nominal : « des aquarelles représentant des vases et des bouquets. »
☒ sujet   ☐ complément d'objet

● Le participe passé employé avec l'auxiliaire *être* s'accorde en genre et en nombre avec le sujet. Dans cette proposition subordonnée, le sujet est inversé.

5

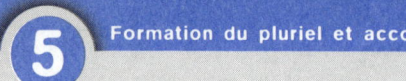
Pluriel d'un nom ou d'un adjectif composé

1 Écris les noms composés au pluriel.

1. un porte-monnaie : des porte-monnaie
2. un garde-meuble : des garde-meubles
3. un abat-jour : des abat-jour
4. un haut-parleur : des haut-parleurs
5. une porte-fenêtre : des portes-fenêtres
6. un garde-chasse : des gardes-chasse(s)
7. un couvre-lit : des couvre-lits
8. une arrière-boutique : des arrière-boutiques

● Les porte-monnaie (objet qui sert à porter de la monnaie) : *porte* est un verbe, il reste invariable.
● Des haut-parleurs, des arrière-boutiques : *haut* et *arrière* sont des adverbes, ils restent invariables.
● Les portes-fenêtres : *porte* est un nom, il s'accorde.

2 Écris les noms composés suivants au singulier. Attention, certains sont invariables.

1. des porte-bagages : un porte-bagages
2. des lauriers-roses : un laurier-rose
3. des vide-ordures : un vide-ordures
4. des porte-clés : un porte-clés

● *Un porte-bagages* sert à porter les bagages ; *un porte-clés* sert à porter les clés. Les verbes restent invariables.

3 Dans les phrases suivantes, accorde l'adjectif qualificatif quand il le faut.

1. Adrien porte une casquette bleue et des baskets noires.
2. Marine a les yeux <u>vert amande</u> et les cheveux <u>châtain clair</u>.
3. Sur ce tableau de Monet, les coquelicots font des taches <u>rouge vif</u> dans l'herbe verte.
4. Elle a mis des rubans cerise sur son chapeau en paille.

● Les trois adjectifs soulignés sont des adjectifs de couleur composés. Ils restent invariables. *Cerise* est un adjectif dérivé d'un nom de fruit. Il reste donc invariable.

4 Explique pourquoi *châtain clair* reste invariable dans le groupe nominal en bleu.

Rien ne se passait comme Lemasque l'avait cru. Il s'était préparé avec une exaltation profonde à un acte terrible, mais plein de solennité . Trois hommes siégeaient. Devant eux le traître défendait sa vie par des mensonges, des cris désespérés. On le confondait. Et Le masque le tuait, fier de trouer un cœur criminel. Au lieu de cette justice farouche... les pas de ses complices qui résonnaient à l'étage supérieur et devant lui cet homme aux cheveux châtain clair, jeune, de figure triste et docile, avec son grain de beauté au milieu de la lèvre et qui regardait obstinément un couvre-pieds rouge.

Châtain clair est un adjectif de couleur composé. Il reste donc invariable.

● *Solennité* est un nom dérivé de l'adjectif qualificatif *solennel* qui signifie grave, cérémonieux, pompeux.

5 Accorde si nécessaire les adjectifs dans les groupes nominaux suivants.

1. des cheveux châtains
2. des cheveux blonds
3. des cheveux blond cendré
4. des cheveux bruns

6 a. Quelle est la nature du mot *couvre* dans le nom composé *couvre-pieds* ? Coche la bonne réponse.

☐ nom   ☐ adjectif   ☒ verbe   ☐ adverbe

b. Écris ce nom au pluriel.

Un couvre-pieds : des couvre-pieds

● *Couvre* est un verbe (*couvrir*). Il reste invariable. Le nom composé reste invariable au singulier et au pluriel.

7 Complète la périphrase suivante pour expliquer pourquoi le nom *pied* s'écrit toujours au pluriel dans le nom composé *couvre-pieds*.

Le *couvre-pieds* est un objet qui sert à couvrir les pieds.

8 a. Surligne, dans la dictée, deux noms féminins qui se terminent par le suffixe *-té*. Que remarques-tu ?

Les noms féminins en *-té* ne prennent généralement pas de *e* final sauf les exceptions.

b. Un de ces deux mots ne s'écrit pas comme il se prononce.
Recopie sa prononciation en API : [solanite]
Définis ce mot : qui s'exprime avec grandeur et gravité. Une cérémonie solennelle, un ton solennel.

● **Attention aux exceptions !** La *dictée*, la portée, la *pâtée*, la *jetée* et la *montée*, et les noms qui expriment le contenu : la *pelletée* (le contenu d'une pelle).
● La lettre *e* devant deux *m* ou deux *n* peut se prononcer [a] : une *femme* (nom), *prudemment* (adverbe.)

6 Formation du pluriel et accords

Les emplois adverbiaux des adjectifs

1 Observe les mots soulignés. Précise leur nature dans les parenthèses (adjectifs qualificatifs ou adverbes).
Ex. *Il parle bas (adverbe). Il a acheté un meuble bas (adj. qual.).*

1. Cet objet est cher (adjectif qualificatif).
2. Cette montre coûte cher (adverbe).
3. Ma tante a fait un bon (adjectif qualificatif) gâteau.
4. Ce gâteau est très bon (adjectif qualificatif).
5. Ce gâteau sent bon (adverbe).
6. Le meuble est haut (adjectif qualificatif).
7. L'enfant saute haut (adverbe).

● Phrase 2 : *cher* est un adverbe. Il ne dit pas comment est la montre mais combien elle coûte.
● Phrase 5 : *bon* ne porte pas sur le nom *gâteau* mais sur le verbe *sentir*. C'est donc un adverbe.
● Phrase 7 : *haut* est un adverbe qui porte sur le verbe *sauter*.

2 Écris les phrases de l'exercice précédent au pluriel.
1. Ces objets sont chers. – 2. Ces montres coûtent cher. – 3. Ma tante a fait de bons gâteaux. – 4. Ces gâteaux sont très bons. – 5. Ces gâteaux sentent bon. – 6. Les meubles sont hauts. – 7. Les enfants sautent haut.

● L'adjectif qualificatif s'accorde. L'adverbe reste invariable.

3 Accorde *demi, mi, semi* et *nu* quand il convient.
1. Les enfants marchent nu-pieds. – 2. Il vaut mieux éviter de marcher pieds nus. – 3. Il arrive dans une heure et demie. – 4. Il arrive dans une demi-heure. – 5. Cette année, elle travaille à mi-temps.

● *Demi, mi, semi* et *nu* sont invariables quand ils sont placés avant le nom auquel ils sont reliés par un tiret.

4 Souligne, dans la dictée, les adjectifs qualificatifs et participes passés employés comme adjectifs et entoure les adverbes.

Ma bible était petite et d'un caractère (très) fin. Il y avait, entre les pages, des fleurs séchées auxquelles je tenais (beaucoup) ; surtout une branche de pieds-d'alouette qui me rappelait (fort nettement) les « gleux » de l'île d'Oléron.
Je ne sais pas comment cela se dit en français, des « gleux » : ceux sont les tiges qui restent, des blés moissonnés ; ce sont ces champs de pailles jaunes, tondues (court), que dessèche et dore le soleil d'août. Au-dessus des « gleux » de l'île, habités par des sauterelles, remontent et fleurissent très (haut) de

● L'adverbe précise le sens d'un adjectif qualificatif ou d'un participe passé (*très, fort, court*) ou d'un verbe (*beaucoup, nettement, haut*).

5 **Relève trois adjectifs qualificatifs employés adverbialement. Écris entre parenthèses les mots sur lesquels ils portent et précise leur nature en cochant la bonne case.**

- fort (nettement) : ☐ adj. qual ou part. passé   ☐ verbe   ☒ adverbe
- court (tondues) : ☒ adj. qual ou part. passé   ☐ verbe   ☐ adverbe
- haut (remontent et fleurissent) :
           ☐ adj. qual ou part. passé   ☒ verbe   ☐ adverbe

● Aide-toi de la leçon p. 16.

6 **Explique la formation de l'adverbe *nettement* (en bleu).**

nettement est construit à partir de l'adjectif qualificatif féminin *nette* auquel on a ajouté le suffixe adverbial *-ment*.

7 **Retrouve dans la dictée les sujets des verbes *remontent et fleurissent*.**

de tardifs bleuets et des pieds-d'alouette

● Les sujets sont inversés car il y a un complément circonstanciel en tête de phrase.

Formation du pluriel et accords

Accorder les déterminants

1 **Accorde *tel* et *nul* comme il convient. Surligne *tel* et *nul* employés comme déterminants indéfinis et encadre *tel* et *nul* employés comme adjectifs qualificatifs.**

1. Il a pris le virage à une ⟨telle⟩ vitesse que la voiture a dérapé. – **2.** Vous prendrez tel médicament à telle heure. – **3.** Telles furent ses premières paroles en arrivant. – **4.** Où vas-tu ? Nulle part. – **5.** Le résultat de cette addition est ⟨nul⟩.

● **Attention :** dans la phrase 5 c'est le résultat qui est nul et non pas l'addition.

2 **Dans les phrases suivantes, accorde les déterminants indéfinis comme il convient.**

1. Certaines races de chien sont plus agressives que d'autres.
2. Il ne faut pas se lancer dans n'importe quelle aventure sans réfléchir.
3. Chaque année, nous partons en vacances en Bretagne et nous faisons maintes sorties en bateau.

● *Chaque* est invariable

3 **Écris en lettres les nombres suivants.**

21 : vingt et un
95 : quatre-vingt-quinze
2 900 : deux mille neuf cents
2 986 : deux mille neuf cent quatre-vingt-six
7 880 : sept mille huit cent quatre-vingts

● *Cent* et *vingt* restent invariables s'ils sont suivis d'un chiffre.

4 **Surligne les déterminants indéfinis de la dictée.**

Voici ce qu'on aurait pu apercevoir de cette antique demeure dans le champ d'une lunette. À huit ou neuf cents pieds en arrière du col de Vulkan, une enceinte, lambrissée d'un fouillis de plantes lapidaires. À chaque extrémité, deux bastions d'angle. Celui de droite est surmonté d'une maigre échauguette ou guérite à toit pointu ; à gauche, quelques pans de murs étayés de contreforts ajourés. Quant à ce que renfermait cette enceinte, rompue en maint endroit, s'il existait quelque bâtiment habitable à l'intérieur, si un pont-levis ou une poterne permettaient d'y pénétrer, on l'ignorait depuis nombre d'années.

● *Chaque* est toujours suivi d'un nom au singulier.
● *Quelque* est au pluriel quand il peut être remplacé par « plusieurs » ; il est au singulier si on le remplace par « un certain ».

5 Relève, dans la dictée, un déterminant indéfini toujours suivi d'un nom au singulier.

chaque

6 Le déterminant *quelque* peut s'écrire au singulier ou au pluriel. Remplace *quelques* par « plusieurs » et *quelque* par « un certain ».

1. « quelques pans de murs étayés de contreforts ajourés. » : plusieurs pans de murs étayés de contreforts ajourés.
2. « quelque bâtiment habitable à l'intérieur » : un certain bâtiment habitable à l'intérieur.

● Reporte-toi à la leçon 26, p. 56.

7 Dans le groupe nominal « cette enceinte, rompue en maint endroit », coche la bonne réponse dans les propositions suivantes.

Maint est écrit au ☒ singulier ☐ pluriel. Le déterminant *maint* s'écrit le plus souvent au ☐ singulier ☒ pluriel. On ☒ peut ☐ ne peut pas remplacer *maint endroit* par *plusieurs endroits*. Le sens du groupe nominal *maint endroit* ☒ autorise ☐ n'autorise pas qu'on l'écrive au pluriel dans la dictée.

● *Maint* peut s'écrire au singulier ou au pluriel et selon le cas tu dois accorder le nom qui suit.

8 a. Relie chaque nombre à l'orthographe du mot *cent* qui convient.

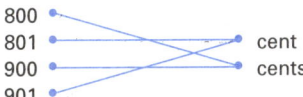

```
800 •              
801 •              • cent
900 •              • cents
901 •
```

● Aide-toi du commentaire de l'exercice 3, p. 8.

b. Rappelle la règle d'accord du déterminant *cent*.

Les multiples de *cent* s'accordent s'ils ne sont suivis d'aucun chiffre.

8 Formation du pluriel et accord

Identifier et écrire *tout*

1 Complète par *tout* ou *toute* les phrases suivantes. Surligne les déterminants indéfinis, souligne les adverbes et encadre les pronoms indéfinis.

1. Ces ordinateurs sont tout neufs.
2. Il préfère l'été à toute autre saison.
3. Martin préfère les jeux de dames à tout autre jeu.
4. Elle est tombée dans la piscine tout habillée.
5. Cléopâtre était toute rouge de colère.
6. Dans ce magasin, tout doit disparaître avant les travaux.

● *Tout* est un adverbe invariable devant un participe commençant par une voyelle ou un *h* non aspiré mais il s'accorde s'il est placé devant un adjectif commençant par une consonne.

2 Complète par *tous* ou *tout* les phrases suivantes. Surligne les déterminants indéfinis, souligne les adverbes et encadre les pronoms indéfinis.

1. De tous les livres que j'ai lus, c'est celui que je préfère.
2. Mes résultats sont tout à fait conformes à mes attentes : mes objectifs sont tous atteints.
3. Tout élève devra rechercher un stage.
4. Il suffit de faire les branchements pour que tout fonctionne.
5. Le jardin était tout embaumé par l'odeur des fleurs.

● *Tout*, pronom, s'accorde avec le nom qu'il remplace.
● Au pluriel, on entend le *s* du pronom *tous* [tus].

3 Identifie la nature grammaticale de *tout* ou *tous* dans les groupes nominaux de la dictée.

Tous les animaux étaient maintenant au rendez-vous et les voyant à l'aise et tout attentifs, Sage l'Ancien commença en ces termes. « Camarades, vous avez déjà entendu parler du rêve étrange qui m'est venu la nuit dernière. Mais j'y reviendrai tout à l'heure. Au cours de ma longue existence, j'ai eu tout loisir de méditer. J'ai, sur la nature de la vie en ce monde, autant de lumières que tout autre animal. C'est de quoi je désire vous parler. **Quelle est donc, camarades, la nature de notre existence ?** Nous avons une vie de labeur. Une fois au monde, il nous est donné tout juste de quoi survivre ».

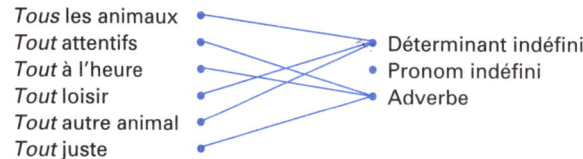

Tous les animaux
Tout attentifs
Tout à l'heure
Tout loisir
Tout autre animal
Tout juste

• Déterminant indéfini
• Pronom indéfini
• Adverbe

● *Tout*, déterminant indéfini, est suivi d'un nom au singulier quand on peut le remplacer par « n'importe quel » (*tout loisir ; tout autre animal*).
● *Tout*, adverbe, reste invariable devant un adjectif qualificatif (*tout attentifs ; tout juste*). On peut le remplacer par « entièrement » ou « très ».

4 Réécris le groupe nominal *Tous les animaux* (en bleu) en remplaçant *animaux* par *bêtes*.

Toutes les bêtes

● Le déterminant s'accorde en genre et en nombre avec le nom ou le groupe nominal qui suit.

5 Réécris le groupe nominal *Tout autre animal* (en bleu) en remplaçant *animal* par *bête*.

Toute autre bête

● *Tout autre animal* : on entend [tut] du fait de la liaison de la consonne finale avec le mot qui suit et qui commence par une voyelle.

6 Observe la phrase en gras dans la dictée. Donne la fonction de *quelle*. Coche la bonne réponse.

1. *Quelle* est un : ☐ pronom interrogatif ☒ déterminant interrogatif
2. Il s'accord avec : le groupe nominal « la nature de notre existence » (fém. sing.)

7 Dans les phrases suivantes, complète les verbes par *-er* ou *-ez*. Puis, surligne les pronoms personnels sujets *vous*.

1. C'est de quoi je désire vous parler. – 2. Parlez- vous anglais ? – 3. Vous me parlez d'un sujet qui m'intéresse. – 4. Parlez moins fort.

● Quand deux verbes se suivent, le second se met à l'infinitif : dans la phrase 1, *vous* est un pronom personnel en fonction de COI.

Formation du pluriel et accords

Identifier et écrire *même*

1 Dans les phrases suivantes, identifie la nature de *même* en cochant la bonne case.

1. Nous partageons *la même* passion pour la musique.
☒ déterminant   ☐ pronom   ☐ adverbe
2. Depuis chez elle, on voit *même* la Tour Eiffel.
☐ déterminant   ☐ pronom   ☒ adverbe
3. Ce sont toujours *les mêmes* qui arrivent en retard !
☐ déterminant   ☒ pronom   ☐ adverbe
4. Tous les enfants de cette famille font de la voile, *même* les plus jeunes.
☐ déterminant   ☐ pronom   ☒ adverbe

● *Même*, déterminant ou pronom indéfini, s'accorde en genre et en nombre avec le nom qu'il précède.
● *Même*, adverbe, reste invariable. On peut le remplacer par *aussi*.

2 Dans les phrases suivantes, accorde *même* si nécessaire.

1. Ils ont réalisé *eux-mêmes* les travaux de cette maison.
2. Toutes les fautes comptent, *même* les fautes d'accent.
3. Ils partagent les *mêmes* goûts.
4. *Même* excusés, les élèves qui arrivent en retard ne pourront assister au cours.
5. Elles sont allées le prévenir *elles-mêmes* .
6. C'est toujours *la même* chose : il ne supporte personne, *même* les chats le dérangent.

● *Eux-mêmes*, *elles-mêmes* sont des pronoms indéfinis. Ils s'accordent.
● *Même* est un adverbe quand on peut le remplacer par *aussi*.

3 **a. Dans la dictée, surligne les deux occurrences du mot *même*.**

Les chevaux Malabar et Douce s'attelaient tout seuls au râteau ou à la faucheuse et ils arpentaient le champ. Et ‹chaque› animal jusqu'au plus modeste besognait à faner et ramasser le foin. ‹Même› les canards et les poules sans relâche allaient et venaient sous le soleil. Et ‹nul› gaspillage, car poules et canards avaient glané jusqu'au plus petit brin. Tout aliment leur était plus délectable. Malabar faisait l'admiration de tous. ‹Même› , ‹certains› jours, tout le travail de la ferme semblait reposer sur sa puissante encolure. À tout problème et à tout revers, il opposait sa conviction : « Je vais travailler plus dur. »

b. Quelle est leur fonction ? Coche la bonne case.

☐ déterminant   ☐ pronom   ☒ adverbe

● « Même les canards » ⟶ Les canards aussi ; « Même certains jours » ⟶ Certains jours aussi. Dans ces deux groupes nominaux *même* est un adverbe invariable puisqu'on peut les remplacer par l'adverbe *aussi*.

4 **Dans les phrases suivantes, identifie la nature de *tout* et *tous*.**

1. « Les chevaux Malabar et Douce s'attelaient *tout* seuls au râteau ou à la faucheuse. »
☐ déterminant   ☐ pronom   ☒ adverbe
2. « Même, certains jours, *tout* le travail de la ferme semblait reposer sur sa puissante encolure. »
☒ déterminant   ☐ pronom   ☐ adverbe
3. « Malabar faisait l'admiration de *tous*. »
☐ déterminant   ☒ pronom   ☐ adverbe

● *Tout* (entièrement) *seuls* : *tout* adverbe devant un adjectif qualificatif.
● *Tout* le travail : *tout* déterminant devant un groupe nominal.
● *L'admiration de tous* (tous les animaux de la ferme) : *tous* pronom remplace le groupe nominal mis entre parenthèses.

5 **Dans les phrases suivantes, remplace le déterminant *tout* par un autre déterminant indéfini.**

1. « *Tout* (n'importe quel) aliment leur était plus délectable. »
2. « À *tout* (n'importe quel) problème et à tout (n'importe quel) revers, il opposait sa conviction. »

● Aide-toi de la leçon 8, p. 20.

6 **Dans la dictée, entoure trois autres déterminants indéfinis. Indique celui qui est toujours suivi d'un groupe nominal au singulier.**

Le déterminant indéfini *chaque* est toujours suivi d'un groupe nominal au singulier.

10 Formation du pluriel et accord

Un nom ou une forme verbale en -*ant*

1 **Dans les phrases suivantes, écris entre parenthèses la nature du mot en italiques.**

1. Le ventilateur *rafraîchissant* (participe présent) l'air est apprécié en période de canicule. – **2.** L'homme *présidant* (participe présent) l'assemblée est le *président* (nom) directeur général. – **3.** En *perçant* (gérondif) son abcès, le médecin a soulagé son patient. – **4.** Ce chat à des yeux *perçants* (adjectif verbal) et *fascinants* (adjectif verbal).

● L'adjectif verbal s'accorde en genre et en nombre avec le nom ou le GN qu'il caractérise.

2 Coche la bonne réponse dans les phrases suivantes.

1. Ils ont des points de vue ☐ différant ☐ différent ☒ différents sur la question.
2. En différant ☒ différant ☐ différent ☐ différents leur voyage, ils ont pu le payer moins cher.
3. Un ☐ différant ☐ différent ☒ différend oppose ces deux personnes.
4. Ce sparadrap ☒ adhérant ☐ adhérent à la plaie est difficile à enlever.
5. Les ☐ adhérant ☐ adhérent ☒ adhérents de cette association se sont réunis.

● Il ne faut pas confondre : *différant* (participe présent) ; *différent* (adjectif qualificatif) et un *différend* (nom).

3 Complète le tableau suivant.

Verbe	Participe présent	Adjectif verbal	Nom
intriguer	intriguant	intrigant	un intrigant
fabriquer	fabriquant		un fabricant

● Particularité des verbes en *-guer* et en *-quer* : le participe présent conserve le *u* du radical. L'adjectif verbal en revanche perd le *u* du radical verbal.

4 Dans la dictée, souligne deux adjectifs verbaux, surligne trois participes présents et entoure un gérondif.

Parut à la porte un couple <u>charmant</u> : une enfant de seize ans avec corsage de velours et jupe à grands volants ; un jeune personnage en habit à haut col et pantalon à élastiques. Ils traversèrent la salle, esquissant un pas de deux ; d'autres les suivirent ; puis d'autres passèrent (en courant), poussant des cris, poursuivis par un grand Pierrot blafard, aux manches trop longues, coiffé d'un bonnet noir et riant d'une bouche édentée. Il courait à grandes enjambées maladroites. Les jeunes filles en avaient peur ; il paraissait faire la joie des enfants qui le poursuivaient avec des cris <u>perçants</u>.

● Le gérondif (*en courant*) est un participe présent précédé de la préposition *en*.

5 Relie les formes en *-ant* à l'affirmation qui convient.

charmant
esquissant
poussant
riant

variable
invariable

● Seul l'adjectif verbal est variable. Le participe présent et le gérondif sont invariables.

6 **a.** Écris le groupe nominal suivant au féminin puis au pluriel.

Un couple charmant : une femme charmante ; des couples charmants

b. Écris le groupe nominal suivant au singulier, puis au féminin.

Des cris perçants : un cri perçant ; une vue perçante

● Pour identifier un adjectif verbal, on remplace le nom masculin par un nom féminin pour entendre l'accord (*perçant* → *perçante*).

7 Entoure le nom masculin puis écris le groupe nominal au singulier.

« À grands (volant) » : avec un grand volant

● Le nom *volant* est dérivé du participe présent. Il s'accorde : un volant → des volants.

8 Souligne un P.P. épithète et surligne deux P.P. apposés. Entoure le nom (ou pronom) avec lequel s'accordent ces P.P. employés comme adjectifs qualificatifs.

« Puis (d'autres) passèrent en courant, poussant des cris, poursuivis par (un grand Pierrot blafard), aux manches trop longues, coiffé coiffé d'un bonnet noir et riant d'(une bouche) <u>édentée</u>. »

● En fonction apposée, le participe passé (P.P.) est séparé du nom par une virgule.

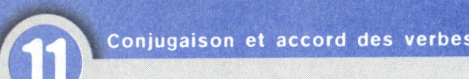

Futur simple ou présent du conditionnel

1 Conjugue les verbes suivants aux personnes demandées du futur de l'indicatif.

épeler : vous épellerez
secourir : je secourrai
remuer : il remuera
voir : ils verront
prier : je prierai
projeter : il projettera

acquérir : tu acquerras
nettoyer : vous nettoierons
envoyer : nous enverrons
savoir : ils sauront
établir : ils établiront
être : je serai

● Ne pas confondre le futur du verbe *savoir* (je saurai) et le futur du verbe *être* (je serai).
● Ne pas oublier le *e* muet qui vient de l'infinitif pour les verbes du 1er groupe dont le radical se termine par une voyelle (je prier ai).
infinitif

2 Conjugue les verbes entre parenthèses au futur simple ou au présent du conditionnel.

1. Je (pouvoir) pourrai te donner une réponse bientôt.
2. À ta place, j'(essayer) essaierais de la rappeler.
3. Je (vouloir) voudrais vous demander un conseil.

● Pour les verbes en *-oyer* ou en *-ayer* : le *y* est remplacé par un *i*.

3 Écris les verbes entre parenthèses au futur simple ou au présent du conditionnel.
Exemple : S'il le *veut* je l'aider**ai** (futur) / s'il le *voulait* je l'aider**ais** (conditionnel).

1. Si tu m'*écris* je te répondrai (futur).
2. Il *croyait* que je viendrais (conditionnel) les voir pendant les vacances.
3. Si je n'*ai* pas trop de travail, j'irai (futur) au cinéma ce soir.
4. Si je n'*étais* pas si fatigué, je ferais (conditionnel) une randonnée en vélo.

● Cet exercice permet de comprendre la concordance des temps :
– *Si* + présent de l'indicatif = futur de l'indicatif dans la proposition principale.
– *Si* + imparfait de l'indicatif = présent du conditionnel dans la proposition principale.

4 Dans la dictée, surligne trois verbes conjugués au présent du conditionnel et souligne trois verbes conjugués au futur simple.

– Comme nous serons très pressés ce soir, Madame, je voudrais savoir tout de suite ce que je vous dois, lui dit Gerbier.
– Oh, murmura Augustine… Oh ! Comment pouvez-vous…
– Mais enfin… huit personnes toute une semaine… par ces temps difficiles, insista Gerbier.
– Je vous apprendrai que tout paysans qu'ils sont, les Viellat sont aussi fiers que vous.
– Je voudrais que vous me permettiez de vous rapporter quelque chose de Londres quand je reviendrai. J' aimerais vous ramener un souvenir.
Augustine reprit sa respiration et chuchota :
– Des armes, donnez-moi des armes. Ça servira à tout le canton, le jour qu'il faudra.

● Le futur exprime une action qu'on envisage comme devant se réaliser dans le futur.
● Le conditionnel exprime une éventualité ou atténue une demande.

5 Dans les phrases suivantes, conjugue les verbes à la 3e personne du singulier pour distinguer le futur du conditionnel.

1. Je voudrais (elle voudrait) savoir ce que je vous dois (elle vous doit).
2. Je vous apprendrai (elle vous apprendra) que tout paysans qu'ils sont, les Viellat sont aussi fiers que vous.
3. Je voudrais (elle voudrait) que vous me (lui) permettiez de vous rapporter quelque chose de Londres.
4. J'aimerais (elle aimerait) vous ramener un souvenir.

● Le futur simple et le présent du conditionnel ont des formes homophones à la 1re personne du singulier. Pour les distinguer il faut changer de personne.

6 **a. Dans les phrases précédentes, quelle idée les trois verbes conjugués au présent du conditionnel expriment-ils ?**

☐ une certitude   ☒ un souhait

b. Quelle idée le futur exprime-t-il dans la phrase 2 l'exercice 5 ?

☒ une certitude   ☐ un souhait

● Les emplois des modes (indicatif ou conditionnel) permettent aussi de distinguer le futur et le présent du conditionnel.

7 **Complète les phrases suivantes par -é, -ez ou -er.**

1. Je serai très pressé ce soir.
2. Comment pouvez-vous ?
3. Je voudrais que vous me permettiez de vous rapporter.
4. Donnez-moi des armes.

● Le verbe est au participe passé après l'auxiliaire *être* conjugué au futur.

● Dans la phrase 3, *vous* est en fonction de COI. On met l'infinitif après une préposition (*de*) et quand deux verbes se suivent.

12 Conjugaison et accord des verbes

Le présent de l'indicatif

1 **Écris la terminaison du présent de l'indicatif aux verbes du 3ᵉ groupe suivants.**

1. je prends – 2. il dissout – 3. tu rejoins – 4. tu couds – 5. tu résous – 6. tu veux – 7. il mord – 8. tu exclus

2 **Complète les terminaisons suivantes des verbes conjugués au présent de l'indicatif.**

1. Cet enfant grandit rapidement. – 2. Il apprécie de ne plus aller travailler en voiture. – 3. Tu t'ennuies quand ton grand frère est absent. – 4. Il écrit des articles dans les journaux. – 5. Elle noue habilement ses cheveux. – 6. Il moud le café en grains. – 7. Tu résous tes problèmes avec énergie. – 8. Il éternue : j'en conclus qu'il est enrhumé.

● Distinguer les terminaisons homophones des verbes du 1ᵉʳ groupe (*il apprécie/tu l'ennuies*) des verbes des 2ᵉ et 3ᵉ groupes (*il grandit*). De même : *elle noue/ il moud/tu résous* et *elle éternue/j'en conclus*.

3 **Conjugue les verbes suivants au présent de l'indicatif en faisant attention aux modifications de radical.**

1. prendre : je prends   nous prenons   ils prennent
2. vouloir : je veux   nous voulons   ils veulent
3. conquérir : je conquiers   nous conquérons   ils conquièrent
4. lancer : nous lançons   nager : nous nageons
5. jeter : je jette   congeler : je congèle
6. appeler : j'appelle   essuyer : j'essuie

● *Ils prennent, je jette, j'appelle, j'entends* [ɛ] je double la consonne.

● *Je conquiers* [ɛ] : le *e* suivi de deux consonnes ne prend pas d'accent. Mais on écrit *nous conquérons* [e] et *ils conquièrent* [ɛ].

4 **a. Conjugue les verbes suivants à la 3ᵉ personne du singulier du présent de l'indicatif.**

Tondre	Prendre	Mordre	Craindre
il tond	il prend	il mord	il craint

b. Quel est l'intrus ?

il craint

● Les verbes en -*dre* conservent leur *d* sauf les verbes en -*indre* (*il craint*) qui se terminent en -*s*, -*s*, -*t* aux trois premières personnes du singulier.

5 **Écris l'infinitif des verbes conjugués ci-dessous au présent de l'indicatif.**

Au mois de septembre dernier, on vient trouver un homme dans sa prison, où on lui signifie qu'il faut mourir dans deux heures. On le rase, on le tond, on le garrotte, on le confesse ; puis on le brouette entre quatre gendarmes, et à travers la foule, au lieu de l'exécution. Arrivé à l'échafaud, le bourreau le prend au prêtre, l'emporte, le ficelle sur la bascule, l'enfourne, je me sers ici du mot d'argot, puis il lâche le couperet. L'homme pousse un cri affreux. Le bourreau, déconcerté, relève le couperet et le laisse retomber. Le couperet mord le cou du patient une seconde fois, mais ne le tranche pas.

On le brouette	On le jette	On le ficelle
brouetter	jeter	ficeler

● Quand j'entends [ɛ], je double la consonne ou je mets un accent (Ex. *acheter* ⟶ *j'achète*).

6 **Conjugue les verbes suivants à la 3ᵉ personne du singulier du présent de l'indicatif.**

signifier : il signifie   suffire : il suffit

7 **Conjugue le verbe *venir* aux personnes demandées du présent de l'indicatif.**

venir :   je viens   nous venons   ils viennent

● *Nous venons* : on entend [ə] donc un seul *n*. *Ils viennent* : on entend [ɛ] donc deux *n*.

8 **Complète le tableau suivant à l'aide de mots de la dictée terminés par le son [o].**

● *Argot et garrot* (verbe : *garrotter*) se terminent en -ot.

	-aud	-ot	-eau
	échafaud	argot	bourreau
Mots de la même famille	échafauder échafaudage	argotique	

 Conjugaison et accord des verbes

Le présent du subjonctif

1 **Conjugue les verbes suivants aux personnes demandées du présent de l'indicatif puis du présent du subjonctif.**

1. vouloir : tu veux   que tu veuilles
2. pouvoir : il peut   qu'il puisse
3. acquérir : j'acquiers   que j'acquière
4. peindre : vous peignez   que vous peigniez

● Pour trouver le radical du subjonctif :
– faire précéder le verbe de « il faut que » : *il faut que tu veuilles*.
– distinguer les terminaisons homophones du présent de l'indicatif et du subjonctif : *j'acquiers* et (il faut) *que j'acquière* ; *vous peignez* (il faut) *que vous peigniez*.

2 **Dans les phrases suivantes, conjugue le verbe à l'indicatif ou au subjonctif.**

1. Il veut que tu (parcourir) parcoures cette distance en moins de trois heures !
2. Il arrivera à l'heure si elle (parcourir) parcourt cette distance en moins de trois heures.
3. Il me montre son cahier pour que je (voir) voie les progrès qu'il a accompli.
4. Je ne conduis pas de nuit parce que je ne (voir) vois pas bien.

● Pour distinguer le présent de l'indicatif et du subjonctif, remplace le verbe par *faire* : *Il veut que tu parcoures* (que tu fasses) ; *Il arrivera à l'heure si elle parcourt* (si elle fait).
● Repérer les conjonctions de subordination : *pour que* + subjonctif et *parce que* + indicatif.

3 **a. À quels temps, mode et personne le verbe souligné est-il conjugué dans la phrase en gras de la dictée ?**

« Je vous pardonne, lui dit Athos, mon honneur perdu. Mourez en paix. »
Alors elle jeta autour d'elle un de ces regards clairs qui semblaient jaillir d'un œil de flamme. « Où vais-je mourir ? dit-elle.
– Sur l'autre rive. » répondit le bourreau.
Alors il entra dans une barque, et comme il allait y mettre le pied Athos lui remit une somme d'argent. « Tenez, dit-il, voici le prix de l'exécution ;
que l'on voie bien que nous agissons en juges.
– C'est bien, dit le bourreau, et que maintenant à son tour cette femme sache que je n'accomplis pas mon métier mais mon devoir. »
Et il jeta l'argent dans la rivière.

Temps présent   Mode subjonctif   Personne 3ᵉ personne du singulier

b. Conjugue ce verbe à la 3ᵉ personne du singulier du présent de l'indicatif.

il voit

c. Quelle idée le subjonctif exprime-t-il dans cette phrase ? Coche la bonne réponse.

☐ une possibilité   ☐ une éventualité   ☒ un ordre

- Le subjonctif en proposition indépendante exprime un ordre à la 3ᵉ personne qui n'existe pas à l'imparfait : *Vois comme il se ressemble* (impératif, 2ᵉ personne du singulier) ; *qu'il voie comme ils se ressemblent* (subjonctif 3ᵉ personne du singulier).

4 **Complète le tableau en conjuguant le verbe *savoir* aux temps, modes et personnes demandés.**

Présent de l'indicatif	Présent du subjonctif	Présent de l'impératif
je sais	qu'il sache	sachez

5 **Réécris la phrase en remplaçant *il* par *ils*. Fais toutes les modifications nécessaires.**

« Alors il entra dans une barque, et comme il allait y mettre le pied Athos lui remit une somme d'argent. »
Alors ils entrèrent dans une barque, et comme ils allaient y mettre le pied Athos leur remit une somme d'argent.

- **Attention :** au pluriel, le pronom personnel *lui* devient *leur*. Et *leur* devant un verbe reste toujours invariable car c'est le pluriel de *lui*.

Conjugaison et accord des verbes

Le présent de l'impératif

1 **Complète le tableau ci-dessous.**

	Présent de l'indicatif	Présent du subjonctif	Présent de l'impératif
Chanter	tu chantes	que tu chantes	chante
Prendre	tu prends	que tu prennes	prends
Sentir	tu sens	que tu sentes	sentons
Vouloir	vous voulez	que vous vouliez	veuillez
Acquérir	tu acquiers	que tu acquières	acquiers
Secourir	tu secours	que tu secoures	secours

- Le verbe *vouloir*, présente des difficultés de conjugaison au présent dues aux variations de radical.
– Indicatif présent :
je veux, vous voulez.
– Subjonctf présent :
que je veuille, que vous vouliez.
– Impératif présent :
veuille, veuillez.

2 Voici un mode d'emploi pour construire un diaporama. Complète-le en conjuguant les verbes entre parenthèses à la 2e personne du singulier du présent de l'impératif.

Pour construire un diaporama, (respecter) respecte les étapes suivantes. (Écrire) écris le scénario du diaporama. (Définir) définis le nombre et le contenu des diapositives. (Réaliser) réalise leur mise en forme (forme des cadres, arrière-plan, police de caractères…). Si tu rencontres des difficultés dans la réalisation de ton travail, (en parler) parles-en à ton professeur de technologie. N'(avoir) aie pas peur ; (aller) va le consulter. Il te donnera des conseils et des précisions.

● Ne pas oublier de supprimer le *s* final de la 2e personne du singulier au présent de l'impératif (*respecte, réalise*) sauf quand le verbe est suivi du pronom *en*, le *s* final assurant alors la liaison (*parles-en*).

3 a. Surligne deux verbes du 1er groupe au présent de l'impératif.

– Cela m'ennuie de n'avoir pas de bijou. J'aurai l'air misère. J'aimerais presque mieux ne pas y aller.
– Que tu es bête ! Va trouver ton amie Mme Forestier et demande -lui de te prêter des bijoux. Elle poussa un cri de joie :
– C'est vrai. Je n'y avais point pensé.
Le lendemain, elle se rendit chez son amie et lui conta sa détresse.
Mme Forestier alla vers son armoire à glace, prit un large coffret, l'apporta et dit à Mme Loisel :
– Choisis, ma chère.
Elle essayait les parures et ne pouvait se décider. Elle demandait toujours :
– Tu n'as plus rien d'autre ?
– Mais si. Cherche . Je ne sais ce qui peut te plaire.

b. Pourquoi ces verbes n'ont-ils pas un –*s* final ?
Coche la bonne case.

☐ ce sont des verbes du 1er groupe ☒ ils se terminent par un –*e*
☐ ils sont irréguliers

● On ajoute un *s* final à la 3e personne du singulier du présent de l'impératif quand il y a *y* ou *en* après le verbe.
● On ne met pas de *s* final à la 2e personne du singulier du présent de l'impératif des verbes des 1er et 3e groupes qui se terminent par un *e* (*chante, offre*).

4 Relève dans la dictée, un verbe du 3e groupe qui n'a pas de –*s* final à la 2e personne du présent de l'impératif.

va

● Le verbe *aller* à la 2e personne du singulier du présent de l'impératif ne prend pas de *s* final.

5 Complète le tableau suivant.

	Nom masculin	3e personne du présent de l'indicatif
crier	un cri	il crie
ennuyer	un ennui	il ennuie

6 a. Réécris les deux phrases, soulignées dans la dictée, à la 3e personne du singulier.

Elle aura l'air misère. Elle aimerait presque mieux ne pas y aller.

b. Identifie la valeur du présent du conditionnel *j'aimerais* dans la 2e phrase.

Il s'agit d' ☐ une condition ☒ un souhait ☐ une certitude

● Le futur (*aura*) exprime une certitude (mode indicatif) tandis que le présent du conditionnel (*aimerait*) exprime un souhait.

7 Complète les phrases suivantes avec les homophones : *conte, comte, compte*.

1. Elle lui conte sa mésaventure.
2. Je compte sur ta présence.
3. Un comte vivait dans ce château.
4. Avant de s'acheter cette maison, il a fait ses comptes.

● Verbes : *conter* = raconter ; *compter* sur quelqu'un = s'appuyer sur quelqu'un.
● Noms : un *comte* = le seigneur d'un comté ; les *comptes* = les calculs.

Imparfait ou passé simple

1 Coche l'explication de l'emploi de l'imparfait dans chacune des phrases suivantes.

1. « Il me guida dans une salle gigantesque dans laquelle <u>travaillaient</u> une quarantaine de personnes. »
[X] une action secondaire   ☐ une action qui se répète dans le passé
☐ une description

2. « Mademoiselle Mori <u>mesurait</u> au moins un mètre quatre-vingt ».
☐ une action secondaire   ☐ une action qui se répète dans le passé
[X] une description

3. « Les jours s'écoulaient et je ne servais toujours à rien. […] Assise à mon bureau, je <u>lisais</u> et <u>relisais</u> les documents que Fubuki avait mis à ma disposition. »
☐ une action secondaire   [X] une action qui se répète dans le passé
☐ une description

● Pour distinguer les terminaisons homophones du passé simple et de l'imparfait à la 1ʳᵉ personne du singulier, on peut s'aider des emplois respectifs de ces temps ou changer de personne.

2 Entoure la forme verbale qui convient dans les phrases suivantes et justifie l'emploi des temps que tu auras choisis.

1. Tous les jeudis, j'allai/(allais) à la piscine en sortant du collège.
Imparfait qui exprime une répétition dans le passé.
2. Ce jour-là, je portai/(portais) une veste en lin.
Imparfait qui exprime une description.
3. J'(assistai)/assistais au débarquement des alliés sur les plages de Normandie.
Passé simple qui exprime l'action principale du récit.
4. Je traversai/(traversais) la rue quand je (croisai)/croisais un visage familier.
Imparfait pour une action secondaire/passé simple pour l'action principale.

● Phrase 1 : imparfait qui exprime des actions qui se répètent dans le passé.
● Phrase 4 : imparfait d'action secondaire. L'action est alors considérée dans son déroulement.

3 Surligne dans la dictée trois verbes du 1ᵉʳ groupe à la 1ʳᵉ pers. du sing. du passé simple et encadre un verbe du 1ᵉʳ groupe à la 1ʳᵉ pers. du sing. de l'imparfait.

Le 8 janvier 1990, l'ascenseur me cracha au dernier étage de l'immeuble Yumimoto. Je ne songeai pas à me présenter à la réception.
– Pourquoi n'avez-vous pas averti la réceptionniste de votre arrivée ?
Je ne trouvai rien à répondre et ne répondis rien. J' inclinai la tête constatant que j'avais déjà produit une mauvaise impression, le jour de mon entrée dans la compagnie. L'homme me dit qu'il s'appelait monsieur Saito. Il me conduisit à travers d'innombrables et immenses salles dans lesquelles il me présenta à des hordes de gens, dont j' oubliais le nom au fur et à mesure qu'il les énonçait.

● Les actions principales du récit sont au passé simple. Elles se succèdent dans l'ordre chronologique.

passé
├──────────┼──────────┼──────────┼──────►
je songeai   je répondis
     je ne trouvai   j'inclinai

4 **a.** Réécris les phrases en gras en remplaçant le pronom *je* par le pronom *elle*.

Elle ne trouva rien à répondre et ne répondit rien. Elle inclina la tête, constatant qu'elle avait déjà produit une mauvaise impression, le jour de son entrée dans la compagnie.

b. Coche les affirmations justes parmi celles qui te sont proposées ci-dessous.

● Le changement de pronom permet de distinguer les terminaisons homophones du passé simple et de l'imparfait à la 1ʳᵉ personne du singulier.

Le passage de la 1ʳᵉ à la 3ᵉ personne m'a permis de distinguer :	vrai	faux
1. les verbes du 1ᵉʳ groupe homophones à la 1ʳᵉ personne du passé simple et de l'imparfait : ………………………	[X]	☐
2. les actions de 1ᵉʳ plan de celles de 2ᵉ plan : ………………………	[X]	☐
3. les actions qui se répètent dans le passé et les descriptions : …	☐	[X]

5 Conjugue les verbes suivants à la personne demandée de l'imparfait de l'indicatif

1. J'oubliais : nous oubliions
2. Il énonçait : nous énoncions

● Le *i* de la terminaison de l'imparfait s'ajoute à celui du radical.
● Devant *e* et *i*, pas de cédille sous la lettre *c*.

6 Quelle est la valeur de l'imparfait du verbe souligné dans la dernière phrase de la dictée ?

☒ une action secondaire   ☐ une action qui se répète dans le passé
☐ une description

7 Dans la phrase suivante, accorde comme il convient les verbes conjugués à l'imparfait.

Il lui (donner) donnait des informations mais elle les (oublier) oubliait.

● Veiller à bien identifier le sujet : *elle (sujet) les (COD) oubliait*, et ne pas accorder le verbe avec le pronom personnel COD *les*.

Conjugaison et accord des verbes

Les temps composés

1 Conjugue les verbes aux personnes demandées du passé simple et du passé composé.

	Passé simple	Passé composé
1. Convaincre	je convainquis	J'ai convaincu
2. Débattre	il débattit	il a débattu
3. Transmettre	il transmit	il a transmis
4. Rougir	tu rougis	tu as rougi
5. Interrompre	il interrompit	il a interrompu

● Devant la voyelle *i*, la consonne *c* se prononce [s]. Il faut donc écrire le son [k].
● Au participe passé, les verbes du 2ᵉ groupe se terminent en -*i* et les participes passés en -*u* ; ils ne sont suivis d'aucune consonne sauf *inclus* et *reclus*.

2 Dans les phrases suivantes, conjugue les verbes aux temps composés demandés.

1. Vous (*inclure* P.Q.P.) aviez inclus le service après-vente. – 2. Nous t'avertirons quand ils (*recevoir*, F.A.) auront reçu la réponse. – 3. Si je ne lui (*permettre*, P.Q.P.) avait pas permis de prendre ma voiture, il serait arrivé en retard. – 4. Il (*construire*, P.C.) a construit lui-même sa maison. – 5. Ils amélioreront leurs résultats quand ils (*acquérir*, F.A.) auront acquis plus d'expérience. – 6. Emma (*peindre*, P.Q.P.) avait peint un magnifique tableau.

● Pour entendre la consonne muette des participes passés du 3ᵉ groupe, il faut mettre le participe passé au féminin : *un café pris rapidement/une consommation pris-e rapidement*.

3 Complète le tableau suivant à l'aide de verbes relevés dans la dictée.

Passé composé	Futur antérieur	Passé du subjonctif
ai reçues ; ai pu ; ai rencon-	auront mis	aie été ; ait voulu

● Pour éviter la confusion avec le subjonctif passé, conjuguer les verbes à la 3ᵉ personne : *les blessures qu'il a reçues, il a rencontré* ; mais *comment concevoir qu'il ait été*.

4 Complète le tableau à l'aide des participes passés des verbes relevés dans la question 3.

Participe passé des verbes du 3ᵉ groupe		
-*is*	-*it*	-*u*
mis	produit	reçues, pu, voulu

5 Réécris les phrases en bleu à la 3ᵉ personne du singulier pour différencier le présent de l'indicatif (*j'ai* —→ *il a*) du présent du subjonctif (*que j'aie* —→ *qu'il ait*).

Donc, Monsieur, les blessures que j'ai **reçues** auront probablement produit un tétanos, ou m'auront mis dans une crise analogue à une maladie nommée je crois catalepsie. Autrement, comment concevoir que j'aie été, suivant l'usage de la guerre, jeté dans la fosse aux soldats par les gens chargés d'enterrer les morts ? Ici permettez-moi de placer un détail que je n'ai pu connaître que postérieurement à ce qu'il faut bien appeler ma mort. J'ai rencontré, en 1814, un ancien maréchal des logis de mon régiment. Ce cher homme, le seul qui ait voulu me reconnaître, m'expliqua le phénomène de ma conservation.

1. Comment concevoir qu'il a été jeté dans la fosse aux soldats… ?
2. Il a rencontré, en 1814, un ancien maréchal des logis…

● *Ait* ou *est* : auxiliaire *avoir* à la 3ᵉ personne du présent du subjonctif ou auxiliaire *être* à la 3ᵉ personne du singulier.
● Pour éviter la confusion, conjuguer les verbes à la 1ʳᵉ personne du pluriel : *le seul qui ait voulu* —→ *le seul que nous ayons voulu* ; mais *il est parti* —→ *nous sommes partis.*

6 a. Coche la bonne case qui indique l'emploi du participe passé *reçues* (en gras).

☐ sans auxiliaire   ☐ avec l'auxiliaire être   ☒ avec l'auxiliaire avoir

b. Il s'accorde avec :

☐ le GN sujet *les blessures*   ☒ le pronom relatif C.O.D. *que*

c. Quel est l'antécédent du pronom relatif *que* ?

Le GN *les blessures* est l'antécédent de *que*.

● Le participe passé employé avec l'auxiliaire *avoir* s'accorde en genre et en nombre avec le COD placé avant le verbe.

7 a. Comment sont employés les groupes nominaux soulignés dans la dictée ?

☒ sans auxiliaire   ☐ avec l'auxiliaire être   ☐ avec l'auxiliaire avoir

b. Surligne le mot avec lequel chacun d'eux s'accorde.

● Le participe passé sans auxiliaire joue le rôle d'un adjectif qualificatif et il s'accorde avec le nom qu'il caractérise.

17 Conjugaison et accord des verbes

Terminaisons en *-i, -is, -it,* et *-u, -us, -ut*

1 Complète les terminaisons verbales.

1. Après ces malheureux événements, la vie reprit son cours. – **2.** Tout article vendu en solde n'|est| ni repris ni échangé. – **3.** Tout élève qui n'|est| pas admis à passer en seconde peut faire appel. – **4.** Il admit qu'il avait fait une bêtise. – **5.** Je t'|ai| transmis tous les documents

● *Admis, repris* et *transmis* sont des participes passés du 3ᵉ groupe. En les mettant au féminin, on entend la consonne finale : *admise, reprise, transmise.*

2 Entoure la forme verbale qui convient dans les phrases suivantes.

1. J'ai (voulu) / voulus / voulut te prévenir de mon arrivée, mais je n'ai pas (pu) / pus / put le faire. – **2.** Cet élève a été exclu / exclus / exclut. – **3.** Le prix inclu / inclus / (inclut) le service après-vente. – **4.** J'ai conclu / conclus / conclut un accord avec lui. – **5.** Je m'aperçu / (aperçus) / aperçut qu'il n'avait pas (revu) / revus / revut les règles d'accords de participes passés.

● Le participe passé est toujours précédé d'un auxiliaire.

3 Complète le texte avec les terminaisons qui conviennent : *-us, -ut, -u.*

« Je m'évanouis en descendant de cheval, et je crus que j'allais crever dans les broussailles comme un lièvre qui a reçu du plomb. Carmen était à Grenade, et accourut. »

● *Reçu* est un participe passé.
● *Crus* et *accourut* sont au passé simple.

4 **Complète le texte avec les terminaisons qui conviennent : -i, -is, -it.**

« Le lendemain de l'exécution d'Ulbach, il se m**it** à écrire ce livre. Quand un de ces crimes publics a été comm**is**, sa conscience lui a d**it** qu'il n'en était plus solidaire. »

● *Commise / dite* : identifier la consonne finale en mettant le participe passé au féminin.

5 **a. Dans le texte, souligne les formes verbales qui se terminent par -u, -us, -ut.**

En ce moment, je m'<u>aperçus</u> que j'avais la tête ouverte. Par bonheur, **mon sang**, celui de mes camarades ou la peau meurtrie de mon cheval peut-être, que sais-je ! **m'avait, en se coagulant, comme** enduit **d'un emplâtre naturel.** Malgré cette croûte, je m' évanouis quand mon crâne <u>fut</u> en contact avec la neige. Cependant, le peu de chaleur qui me restait ayant fait fondre la neige autour de moi, je me trouvai, quand je repris connaissance, au centre d'une petite ouverture par laquelle je criai aussi longtemps que je <u>pus</u>. Mais alors le soleil se levait, j'avais donc bien peu de chances pour être <u>entendu</u>.

b. Classe les verbes que tu as soulignés dans le tableau ci-dessous.

Verbes au passé simple en *-us, -us, -ut*	Verbe(s) au participe passé en *-u*
aperçus, pus, fut	entendu

c. À quel groupe ces verbes appartiennent-ils ?

Ces verbes appartiennent au 3ᵉ groupe ; le verbe *être* est un auxiliaire.

● Deux de ces verbes sont conjugués au passé simple : *je m'évanouis, je repris*.
● *Meurtrie* est un participe passé employé comme adjectif qualificatif. Il s'accorde en genre et en nombre avec le nom *peau* qu'il caractérise.
● *Enduit* est un participe passé qui entre dans la formation du plus-que-parfait du verbe enduire (*avait enduit*). Attention, l'auxiliaire *avait* est séparé du participe passé par un complément circonstanciel *en se coagulant*.
● *Fut* est le passé simple de l'auxiliaire *être*.

6 **a. Dans la dictée, surligne les formes verbales qui se terminent par -i, -is,- it.**

b. À quels groupes ces verbes appartiennent-ils ?

Ces verbes appartiennent aux 2ᵉ et 3ᵉ groupes.

7 **a. Dans la phrase en gras dans la dictée, explique la présence de la consonne finale à la fin du participe passé ?**

On met le participe passé au féminin : *endui<u>te</u>*. Donc *endui<u>t</u>* prend un *t* final.

b. Ce participe passé est-il employé ?

☐ comme adjectif qualificatif   ☒ dans la formation d'un temps composé

● *M'avait [...] enduit* : le verbe *enduire* est conjugué au plus-que-parfait (voir leçon 16 p. 36).

8 **Dans le groupe nominal, *la peau meurtrie*, quel est le nom caractérisé par le participe passé *meurtrie* ? Précise son genre et son nombre.**

Il s'agit du nom *peau*, féminin, singulier.

b. Quelle est la fonction de ce participe passé ?

☒ épithète   ☐ attribut   ☐ apposé

● Le participe passé *meurtrie* est employé comme adjectif qualificatif. Il est placé juste après le nom qu'il caractérise. Il est donc en fonction d'épithète.

Conjugaison et accord des verbes

Le participe passé (I)

1 **Dans les phrases suivantes, remplace par un pronom personnel le groupe nominal COD qui est souligné et accorde le participe passé comme il convient.**

Ex. : *Le professeur a averti <u>les élèves</u> de la date du prochain contrôle* ⟶ *Le professeur <u>les</u> a avert**is** de la date du prochain contrôle.*

1. Paul a appelé <u>sa sœur</u> samedi dernier. ⟶ Paul <u>l'a appelée</u> samedi dernier.

2. Nous avons mangé <u>des glaces</u>. ⟶ Nous <u>les</u> avons mangées.

● *Paul l'a appelée samedi dernier* : distinguer *la* et *l'a*.
L'a se met devant un verbe au passé composé : *Paul la voit* ⟶ Paul *l'a vue* (passé composé du verbe *voir*). Le pronom *la* s'est élidé en *l'* devant *a*.

2 **Dans les phrases suivantes, accorde comme il convient les participes passés employés avec l'auxiliaire *avoir*.**

Ex. : *Rends-moi les livres* (COD)/*que* (COD) *je t'ai prêtés.*

1. J'ai lu les livres/**que** tu m'avais conseillés.

2. Tu as planté les fleurs/**qu'**on t'a offertes.

3. Il a demandé à son amie de lui donner la recette/**qu'**elle lui avait préparée pour le dîner.

● Dans les propositions subordonnées, les participes passés sont employés avec l'auxiliaire *avoir*. Ils s'accordent avec le pronom relatif *que* (COD placé avant le verbe) donc avec le genre et le nombre de son antécédent.

3 **Accorde si nécessaire les participes passés suivants. Surligne le mot avec lequel tu fais l'accord.**

1. Elle a terminé les exercices de révision que son professeur lui a fait faire. Il les lui a corrigés.

2. Martin a des difficultés dans la résolution des problèmes. Il en a parlé à son professeur. Celui-ci lui a donné des conseils qu' il a suivis.

● *Fait* reste invariable car il est suivi d'un verbe à l'infinitif (voir la leçon p. 40).
● *Parlé* reste invariable car le COD est le pronom *en*.

4 **Relève, dans la dictée, les participes passés employés sans auxiliaire. Précise le groupe nominal ou le pronom avec lequel chacun d'eux s'accorde.**

À voir Yvonne de Galais, on eût dit que cette maison nous appartenait que nous l'avions abandonnée durant un long voyage. Elle ouvrit, en se penchant, une petite grille, et se hâta d'inspecter avec inquiétude le lieu solitaire. Une grande cour herbeuse était ravinée par un l'orage. Un cerceau trempait dans une flaque d'eau. Dans les jardinets, où les enfants avaient semé des fleurs et des pois, la grande pluie n'avait laissé que des traînées de gravier blanc. Et enfin nous découvrîmes, blottie contre le seuil d'une des portes mouillées, toute une couvée de poussins transpercée par l'averse. Presque tous étaient morts sous les ailes raidies et les plumes fripées de la mère.

● Tous ces participes passés sont employés comme des adjectifs qualificatifs. Seul *blottie* est séparé du groupe nominal qu'il caractérise par une virgule ; il est donc apposé. Les autres sont placés après le groupe nominal qu'ils caractérisent ; ils sont en fonction d'épithète.

blottie	mouillées	transpercée	raidies	fripées
toute une couvée de poussins	des portes	toute une couvée de poussins	les ailes	les plumes

5 **Relève trois participes passés employés avec *avoir* qui ne s'accordent pas. Coche la raison pour laquelle ils ne s'accordent pas.**

Les participes dit, semé, laissé ne s'accordent pas car :

☐ il n'y a pas de COD   ☒ leur COD est placé après le verbe.

6 **a. Dans l'extrait suivant, entoure le mot avec lequel s'accorde le participe passé.**

Nous l' avions abandonnée durant un long voyage.

b. Quelles sont la nature et la fonction de ce mot ? Coche la bonne case.

☒ un pronom personnel en fonction de COD
☐ un groupe nominal en fonction de sujet.

● Distinguer :
– *le, la, l', les* (pronoms personnels en fonction de COD) + verbe ;
– *le, la, l', les* (articles définis) + groupe nominal.

7 **a. Souligne les P.P. de la dictée employés avec l'auxiliaire *être*.**

b. Encadre le mot ou le groupe de mots avec lequel s'accordent ces P.P.

c. Quelle est la fonction de ces mots encadrés ?

☒ sujet   ☐ attribut   ☐ COD

● Le participe passé s'accorde avec le sujet quand il est employé avec l'auxiliaire *être*.

Le participe passé (II)

1 a. Dans les phrases suivantes, souligne le verbe pronominal de sens réfléchi et surligne le verbe pronominal de sens réciproque.

1. Marie s'est cognée – 2. Marie s'est cogné le coude. – 3. Les deux amis se sont poussés – 4. Pierre et Jean se sont téléphoné – 5. Les élèves se sont prêté les documents.

b. Encadre le COD de chacun de ces verbes, puis accorde comme il convient le participe passé.

● Le participe passé reste invariable si :
– le COD est placé après le verbe (phrase 2 et 5).
– le verbe n'a pas de COD et *se* est en fonction de COI (phrase 4).

2 a. Dans les phrases suivantes, souligne les verbes pronominaux de sens passif et surligne les verbes essentiellement pronominaux.

1. Ces tableaux se sont vendus très chers. – 2. Vous vous êtes évadés . – 3. Les oiseaux se sont envolés – 4. Les résistants se sont cachés dans le maquis.

b. Encadre le sujet de chacun de ces verbes, puis accorde comme il convient le participe passé.

● Les verbes essentiellement pronominaux et les verbes pronominaux de sens passif s'accordent avec le sujet.

3 Accorde le participe passé des verbes pronominaux quand cela est possible. Encadre le mot avec lequel il s'accorde et précise sa fonction.
1. Ils se sont parlé au téléphone.
2. Ils se sont retrouvés après des années de séparation. *Se* est COD
3. Les chefs se sont succédé de père en fils.

● Le participe passé *téléphoné* ne s'accorde pas car il n'y a pas de COD et *se* est en fonction de COI.
● *Succéder à :* verbe transitif indirect.

4 a. Dans la phrase bleue, encadre le mot avec lequel s'accorde le participe passé.

Louis H. a dans un camp de concentration français trois hommes auxquels il tient beaucoup. **Ces trois hommes, la Gestapo les a exigés.** Ils vont lui être livrés dans quatre jours. **L'organisation de Louis H. a été terriblement éprouvée.** Ensuite, nous nous sommes laissés aller aux souvenirs. Sur les quatre cents membres qui au début formaient leur groupe, il en reste cinq qui sont encore en vie ou en liberté. La Gestapo fauche sans cesse, plus serré, plus dru. Mais l'ennemi ne peut plus réussir à supprimer la résistance. Elle a pris la forme de l'Hydre. Coupez-lui la tête, il en repousse dix, à chaque jet de sang.

b. Complète la phrase pour expliquer l'accord du participe.

Le participe passé exigés est employé avec l'auxiliaire avoir. Il s'accorde en genre et en nombre avec le mot les dont la fonction est COD.

● Le COD est généralement un groupe nominal placé après le verbe d'action.
● Quand le COD est placé avant le verbe, il s'agit généralement d'un pronom :
– pronom personnel : *le, la, l', les* + verbes d'action ;
– pronom relatif : *que.*

5 Pourquoi le participe passé ne s'accorde-t-il pas dans la phrase : « Elle a pris la forme de l'Hydre » ? Coche la bonne réponse.

☐ Il n'y a pas de COD   ☒ Le COD est placé après le verbe

6 a. Dans la phrase en gras, avec quel auxiliaire le participe passé est-il employé ? À quel temps cet auxiliaire est-il conjugué ?

Le participe passé est employé avec l'auxiliaire *être* conjugué au passé composé.

b. Avec quel groupe nominal le participe passé s'accorde-t-il ? Quelle est sa fonction?

Le participe passé s'accorde avec le groupe nominal « L'organisation de Louis H. » qui est en fonction de sujet.

● Avec l'auxiliaire *être* au passé composé, le participe passé s'accorde avec le sujet.

7 a. Dans la phrase « Ils vont lui être livrés dans quatre jours. »,
entoure le mot avec lequel s'accorde le participe passé.

b. Quelle est la fonction de ce mot ? Le pronom *ils* est en fonction de sujet.

• *Aller* + infinitif est une périphrase qui exprime le futur proche.

8 a. Quel est l'infinitif du verbe souligné dans la dictée ?
L'infinitif du verbe est *se laisser*.

b. Il s'agit d'un verbe pronominal de sens ?

☐ réfléchi   ☐ réciproque   ☒ passif   ☐ essentiellement pronominal

c. Entoure le mot avec lequel ce participe s'accorde.
Quelle est sa fonction ? Le pronom *nous* est en fonction de COD.

 **20** Conjugaison et accord des verbes

Passé simple ou subjonctif imparfait

1 Conjugue les verbes suivants à la 3ᵉ personne du singulier du passé simple puis de l'imparfait du subjonctif.

1. savoir → il sut → qu'il sût
2. manger → il mangea → qu'il mangeât

• Le p. s. et le subj. imp. ont des formes homophones à la 3ᵉ pers. du sing. C'est l'accent circonflexe qui permet de les distinguer.

2 Réécris les phrases suivantes au passé selon le modèle proposé.

1. Il se dépêche de peur qu'on arrive en retard.
→ il se dépêchait de peur qu'on arrivât en retard.
2. Elle souhaite qu'on la prévienne rapidement.
→ elle souhaitait qu'on la prévînt rapidement.
3. Je crains qu'il ne fasse une fausse note.
→ je craignais qu'il ne fît une fausse note.

• N'oublie pas d'ajouter un -*t* à la 3ᵉ pers. du sing. au subj. imp. des verbes du 1ᵉʳ groupe : *il chanta* (p. s.)/*qu'il chantât* (subj. imp.).
• Le subj. dans les propositions subordonnées exprime une possibilité, un fait non réalisé.

3 Entoure la forme verbale qui convient. Souligne les conjonctions de subordination suivies d'un verbe au subjonctif.

1. Il faisait encore nuit quand on partit / partît.
2. Il perdit la partie bien qu'il fut / fût le meilleur.
3. Il la regarda sans qu'elle s'en aperçut / aperçût
4. Il jouait si bien qu'on l'applaudit / applaudît longuement.

• On transforme les phrases au présent pour identifier un éventuel présent du subjonctif dans la subordonnée : **1.** … quand on part (indicatif) – **2.** … bien qu'il soit le meilleur (subjonctif) – **3.** … sans qu'elle s'en aperçoive (subjonctif) – **4.** … si bien qu'on l'applaudit (indicatif).

4 a. Souligne deux verbes conjugués à la 3ᵉ pers. du sing. du passé simple.

b. Surligne deux verbes du 1ᵉʳ groupe conjugués à la 3ᵉ pers. du sing. de l'imparfait du subjonctif.

« Pas de questions, monsieur Peterson ? Vous êtes sûr que tout ira bien ? » Steve tenait à la main la lourde valise contenant l'argent de la rançon. Steve s'éloigna. Hugh regarda la Mercury sortir de l'allée, tourner à gauche vers l'autoroute. Elle avait été sablée et bien que la neige continuât à tomber, Steve conduisait plus facilement qu'il ne s'y attendait. **Il avait craint que le ravisseur n' annulât son rendez-vous si les routes étaient dangereuses.** À présent, il était certain de le rencontrer en quelque endroit que ce soit. Il se demandait pourquoi Hugh l'avait interrogé sur le passé de Nina.

• Les passés simples (*s'éloigna, regarda*) se trouvent en proposition indépendante pour exprimer les actions principales.
• Le subjonctif imparfait (*continuât*) est commandé par la conjonction de subordination *bien que*.

5 Dans les phrases suivantes, entoure la forme verbale qui convient. Souligne les conjonctions de subordination suivies d'un verbe au subj.

1. Il (s'échauffa) / s'échauffât avant que la partie ne commença / (commençât).
2. Il tombait de la neige si bien qu'elle (arriva) / arrivât en retard.
3. Bien que la neige continua / (continuât) à tomber, Steve (avança) / avançât plus facilement qu'il s'y attendait.
4. Son frère (insista)/insistât pour qu'elle l'accompagna/(accompagnât) au cinéma.

● Il faut apprendre par cœur les principales conjonctions de subordination suivies du subjonctif (voir la leçon 13, p. 30).
● *Bien que* + subjonctif mais *si bien que* + indicatif.

6 a. Dans la phrase en bleu, le subjonctif commandé par le verbe *craindre* exprime : ☒ un fait possible ☐ un fait certain

b. Réécris cette phrase au présent en remplaçant le verbe *annuler* par *faire annuler*. Il a craint que le ravisseur ne fasse annuler son rendez-vous si les routes étaient dangereuses.

7 Remplace le pronom *il* par *elle*, et fais toutes les modifications nécessaires.

« Il se demandait pourquoi Hugh l'avait interrogé sur le passé de Nina. » Elle se demandait pourquoi Hugh l'avait interrogée sur le passé de Nina.

● Le participe passé *interrogée* employé avec l'auxiliaire *avoir*, s'accorde en genre et en nombre avec le pronom personnel *l'* en fonction de COD, qui renvoie à *elle*, pronom féminin singulier.

 **Conjugaison et accord des verbes**

Le verbe avec son sujet

1 Conjugue à l'imparfait les verbes à l'infinitif entre parenthèses. Souligne le sujet de chacun de ces verbes et vérifie l'accord du verbe avec le sujet.

En face de l'école, il y (avoir) avait l'abattoir municipal. Pendant que ma mère (faire) faisait son petit ménage, je (grimper) grimpais sur une chaise et je (regarder) regardais l'assassinat des bœufs et des porcs. Lorsque les malheureux bœufs (recevoir) recevaient le coup de merlin entre les cornes, et (tomber) tombaient sur les genoux, j'(admirer) admirais la force du boucher. La mise à mort des porcs me (faire) faisait rire aux larmes parce qu'on les (tirer) tirait par les oreilles et qu'ils (pousser) poussaient des cris stridents.

● *Était* : sujet *qui*, l'andécédent est Saint-Loup.
Recevaient et tombaient : les deux verbes ont un même sujet au pluriel.
Me faisait rire : le sujet est un groupe nominal. L'accord du verbe se fait avec le noyau du groupe nominal *la mise à mort*.
On les tire : le sujet est le pronom personnel indéfini *on*.

2 Souligne le(s) sujet(s) et accorde le verbe comme il convient au présent de l'indicatif.

1. Ni la campagne, ni la mer ne l'intéressent ; seule la montagne la passionne. –
2. Un vol de canards sauvages survolent la région. – 3. Toi qui navigues beaucoup, raconte-nous tes aventures sur mer. – 4. Elle ne sait pas encore si c'est ton père ou ta mère qui l'accompagne à l'école. – 5. Un groupe d'élèves aiment lire les livres de Roald Dahl qui racontent son enfance.

● L'accord des verbes peut se faire avec le noyau du groupe nominal ou le complément de nom selon le sens.

3 Encadre l'antécédent du sujet *qui* dans la proposition en gras de la dictée.

Parallèlement à ces informations encourageantes en provenance du continent africain, ce que Lewicki pouvait apprendre quant au destin tragique que connaissaient mes frères de Varsovie, **cette poignée de Juifs qui avaient résolu d'opposer une résistance active aux Allemands**, était effrayant. Par les journaux clandestins qu'on me transmettait, j'ai suivi la poursuite du soulèvement dans le ghetto, les combats immeuble par immeuble, rue après rue, les lourdes pertes subies par les nazis. Malgré le recours à l'artillerie, aux chars, à l'aviation, il leur a fallu des semaines pour écraser les rebelles.

● L'antécédent détermine la personne et le nombre du pronom relatif sujet *qui*.

4 **a. Quelle est la fonction du groupe nominal « mes frères de Varsovie » ?**

☐ complément d'objet direct   ☒ sujet

b. Pourquoi le sujet est-il inversé ?

☐ il y a un complément circonstanciel en tête de phrase
☒ le verbe est le noyau d'une proposition subordonnée relative

---

5 **Complète les phrases suivantes à l'aide de *quand* ou *quant*.**

1. Quand le ghetto de Varsovie entre en rébellion, les Allemands déploient leur artillerie. – **2.** Quant au narrateur, il assiste à la rébellion des fenêtres de l'appartement où il s'est caché. – **3.** Quand Lewicki a appris le destin tragique de ses frères de Varsovie, il a été effrayé.

● On écrit *quand* avec un *d* si on peut le remplacer par *lorsque* et *quant* avec un *t* si on peut le remplacer par *en ce qui concerne*.

---

6 **a. Complète le texte suivant en entourant la bonne réponse.**

Dans l'extrait suivant, « il **leur** a fallu des semaines pour écraser les rebelles », *leur* placé devant un (verbe) / nom est un déterminant possessif / (pronom personnel). C'est le pluriel de (lui) / le. Il est variable / (invariable).

b. Complète par *leur* ou *leurs*. Surligne les pronoms personnels.

1. Aude et Karl vivent à Lyon. Leurs enfants font leurs études à l'étranger. Ils leur manquent.
2. Les élèves de 6e6 font de l'allemand. Leur professeur leur a promis de les emmener à Berlin.

● *Leur* pronom personnel est invariable. Il est toujours placé devant un verbe. On peut le remplacer par *lui*.

22 Conjugaison et accord des verbes

Le verbe avec un sujet inversé

1 **Dans chacune des phrases, surligne le sujet et justifie l'inversion du sujet.**

1. Peut-être êtes-vous trop perfectionniste ? Adverbe modalisateur en tête de phrase.
2. Qui es-tu ? Phrase interrogative.
3. « Rends-moi les clefs ! » demanda Marine à sa fille. Proposition incise.
4. J'ai visité la maison où vécut Victor Hugo pendant son exil. Proposition subordonnée relative.
5. Devant elle, se trouvaient une femme et ses deux enfants. Complément circonstanciel en tête de phrase.
6. Sans doute arrivera-t-il en retard ? Adverbe modalisateur en tête de phrase.

● Un adverbe modalisateur (*peut-être, sans doute*...) permet à l'énonciateur de mettre en doute la vérité de son discours.
● Une proposition incise dans un dialogue précise qui parle.

---

2 **a. Souligne le(s) sujet(s) inversé(s) des verbes en bleu puis complète les terminaisons.**

1. Sous ses yeux, baignée par les rayons lunaires, s'arrondissait une enceinte fortifiée – **2.** dans laquelle s'élevaient deux cathédrales, trois palais, et un arsenal. – **3.** Autour de cette enceinte se dessinaient trois villes distinctes. – **4.** que dominaient les tours, les clochers, les minarets.

b. Indique dans le tableau les numéros des phrases qui correspondent aux explications proposées pour l'inversion du sujet.

● Un verbe peut avoir plusieurs sujets juxtaposés par des virgules ou reliés par *et* (phrases 2 et 4).

Comp. circ. en tête de phrase	Adverbe modalisateur en tête de phrase	Prop. subordonnée relative
1, 2, 3	......	4

3 Surligne le(s) sujet(s) placé(s) avant les verbes soulignés dans la dictée et encadre le(s) sujet(s) inversé(s).

Ce jardin n'attenait pas à la maison. On y entrait par une porte que fermait une énorme clé. Il y avait plusieurs pruniers, d'où tombaient, trop mûres, sur la terre brûlante, ces mêmes délicieuses prunes qu'on mettait sécher sur les toits ; le long des vieilles allées, couraient des vignes dont les raisins musqués étaient dévorés par des légions de mouches et d'abeilles. Et tout le fond, – car il était très grand, ce jardin, – était abandonné à des luzernes, comme un simple champ. Le charme de ce vieux verger était de s'y sentir enclos, enfermé à double tour, absolument seul dans beaucoup d'espace et de silence.

● N'oublie pas de poser la question « Qui est-ce qui ? » pour ne pas confondre le sujet inversé et le COD.

4 Trois sujets sont inversés dans la dictée. Recopie-les et justifie leur inversion en cochant la bonne case.

Premier sujet inversé : *une énorme clé*
☐ comp.circ. en tête de phrase ☒ prop. subord. relative
☐ adverbe en tête de phrase

Deuxième sujet inversé : *ces mêmes délicieuses prunes*
☐ comp.circ. en tête de phrase ☒ prop. subord. relative
☐ adverbe en tête de phrase

Troisième sujet inversé : *des vignes*
☒ comp.circ. en tête de phrase ☐ prop. subord. relative
☐ adverbe en tête de phrase

● Dans la proposition subordonnée relative, l'inversion du sujet n'est pas obligatoire. On peut aussi écrire : « On y entrait par une porte qu'une énorme clé fermait. »

5 Réécris la phrase suivante en mettant au singulier tous les groupes nominaux en bleu. Attention à l'accord des verbes.

« le long des vieilles allées, couraient des vignes dont les raisins musqués étaient dévorés par des légions de mouches et d'abeilles. »

Le long de la vieille allée, courait une vigne dont le raisin musqué était dévoré par des légions de mouches et d'abeilles.

● Le participe passé *dévoré* est employé avec l'auxiliaire *être*. Il s'accorde en genre et en nombre avec le sujet « le raisin musqué » (GN masculin singulier).

 **23** Homophones grammaticaux

Distinguer *es, est, ai, aie, ait, aient*

1 Dans les phrases suivantes, complète par *ai* ou *aie* derrière le pronom *je*. Entoure les conjonctions de subordination.

1. Ai-je bien entendu ? – **2.** J'ai apporté le livre que je t'avais promis. Je l'ai acheté hier. – **3.** ⟨Bien que⟩ j'aie révisé mes examens, j'ai peur de les rater. **4.** L'année s'achève ⟨sans que⟩ j'aie eu le temps de te rendre visite.

● On peut remplacer *je* par *nous* pour vérifier si l'on écrit *ai* (présent de l'indicatif) ou *aie* (présent du subjonctif).

2 Complète par *es, aies* et *aie*.

1. Il faut que tu aies payé tes impôts avant le 15 décembre. – **2.** Pourquoi es-tu arrivé en retard ? – **3.** N'aie pas peur. – **4.** Il souhaite que tu aies rendu ton rapport demain matin.

● *N'aie pas peur* : impératif 2ᵉ pers. du sing. du verbe *avoir*. La phrase formule une interdiction.
● *Il souhaite que nous ayons* (subjonctif) *rendu*.

3 Complète par *est* ou *ait* (derrière les pronoms *il, elle, on*) et *aient* (derrière les pronoms *ils* ou *elles*).

1. Qu'il est capricieux ! – **2.** Il est possible qu'il ait raté son avion. – **3.** Est-ce l'heure de partir ? – **4.** Il est souhaitable qu'ils se soient relus avant qu'ils aient rendu leurs copies.

● Après le pronom *il*, on peut rencontrer *est* ou *ait* : *Il est* ⟶ *nous sommes* (verbe *être*, indicatif) ou *bien qu'elle ait* ⟶ *bien que nous ayons* (verbe *avoir*, subjonctif).

4 Encadre, dans le texte, les occurrences du verbe *être* au présent de l'indicatif.

Le premier qui apprit la nouvelle fut le juge Koltz. Dès qu'il l'aperçut, Frik lui cria :
« Le feu [est] au burg notre maître !
– Que dis-tu là, Frik ?
– Je dis ce qui [est] ?
– [Est]-ce que (tu) [es] devenu fou ? Il se peut que tu (tu) aies été trompé. »
En effet, comment un incendie pouvait-il s'attaquer à ce vieil amoncellement de pierres ?
Frik tendit la lunette à maître Koltz.
« Qu'[est]-ce cela ? dit-il.
– Une machine que (je) [ai] achetée deux florins, mon maître bien qu'(elle) [ait] une plus grande valeur.
– [Aie] l'amabilité de m'en expliquer le fonctionnement.
– Ajustez cela à votre œil, visez le burg en face, et vous verrez. »

● Après le pronom *tu*, on peut rencontrer *es* ou *aies* :
Tu es ⟶ *nous sommes* (verbe *être*, présent de l'indicatif) ou *Il se peut que tu aies été trompé* ⟶ *il se peut que nous ayons été trompés* (subjonctif).

5 Surligne, dans le texte, toutes les occurrences du verbe *avoir* puis classe-les.

1ʳᵉ pers. sing. présent de l'indicatif	2ᵉ pers. sing. présent de l'impératif	2ᵉ pers. sing. présent du subjonctif	3ᵉ pers. sing. présent du subjonctif
ai	aie	aies	ait

6 Entoure le pronom personnel sujet de chaque verbe homophone encadré ou surligné. Observe si ce pronom est à la 1ʳᵉ, 2ᵉ ou 3ᵉ pers. du singulier.

Forme verbale derrière le pronom *je* : ai
Deux formes verbales derrière le pronom *tu* : es, aies
Forme verbale derrière le pronom *il* : ait

● Après le pronom *je*, on peut rencontrer *ai* ou *aie* : *Je vous ai acheté* ⟶ *nous vous avons acheté* (indicatif) ou *Il faut que j'aie acheté* ⟶ *il faut que nous ayons acheté* (subjonctif).

7 a. Entoure la conjonction de subordination dans la phrase suivante.

« (Bien qu') elle ait une plus grande valeur »

b. Quel est le mode utilisé après cette conjonction ?

Après la conjonction de subordination *bien que* on utilise le mode subjonctif.

● Apprendre par cœur les conjonctions de subordination suivies du subjonctif (voir la leçon 13, p. 30).

8 a. À quel type cette phrase appartient-elle ?

« Aie l'amabilité de m'en expliquer le fonctionnement. »
C'est une phrase impérative ou injonctive.

b. Quel est le mode du verbe souligné ?

Le verbe est conjugué au mode impératif.

● Le mode impératif exprime un commandement ou un conseil.

24 Homophones grammaticaux

Plutôt, plus tôt et près, prêt

1 Dans les phrases suivantes, entoure la forme qui convient : *plutôt* ou *plus tôt*.

1. Ils sont arrivés *plutôt* / (plus tôt) que prévu. – **2.** (Plutôt) / *plus tôt* que de t'inquiéter, appelle-les pour savoir s'ils sont rentrés. – **3.** Il préfère accepter temporairement cet emploi à l'étranger (plutôt) / *plus tôt* que de rester sans emploi. – **4.** Le jour de son examen de conduite, il s'est levé *plutôt* / (plus tôt) pour ne pas risquer d'arriver en retard.

● Il faut remplacer *plus tôt* par « plus tard » et *plutôt* par « au lieu de ».

2 Complète les phrases suivantes par les homophones *près* ou *prêt*.

1. Nous sommes prêt(e)s à nous rendre chez notre grand-mère qui habite dans un village près de Gap. – **2.** Soyez prêt(s) à dix-sept heures précises. Attendez-moi près de la gare. – **3.** Il ne faut pas se placer trop près de la bordure du quai quand les trains sont prêts à entrer en gare. – **4.** Maman est rentrée tard. Le dîner n'est pas près d'être prêt. – **5.** Attention, prêts, partez ! – **6.** Ils sont toujours prêts à rendre service.

● *Prêt* est un adjectif qualificatif qui s'accorde avec le nom qu'il caractérise : *nous sommes prêts, les trains sont prêts*. **Attention :** *soyez prêt* (singulier pour le vouvoiement d'une personne) mais *soyez prêts* (si plusieurs interlocuteurs).

3 **a.** Dans les phrases suivantes, choisis l'homophone souligné par un mot ou un groupe de mots de même sens.

1. « Sharon s'agenouilla <u>près</u> de lui. » ☒ à côté de ☐ décidé, disposé à
2. Il était <u>prêt</u> à le tuer. ☐ à côté de ☒ décidé, disposé à

b. Réécris au pluriel la phrase : « Il était prêt à le tuer. »
Ils étaient prêts à les tuer.

● L'adjectif *prêt*, en fonction d'attribut, s'accorde en genre et en nombre avec le sujet.

4 Dans les extraits suivants, peux-tu remplacer les mots soulignés par *plus tard* ? Coche la bonne réponse.

1. « Un moment <u>plus tôt</u>, elle avait entendu un déclic. » ☒ oui ☐ non
2. « Il abaissa lentement son revolver <u>plutôt</u> que de tirer. » ☐ oui ☒ non

5 Observe dans la dictée les formes verbales qui se terminent en *-ant*.
a. Encadre les adjectifs verbaux et surligne le participe présent.

« ⬜Assieds-toi . » L'ordre s'adressait à Neil. L'enfant leva un regard ⬜suppliant vers Sharon, et s'assit sans protester.
Sharon s'agenouilla près de lui. « Neil, n'⬜aie pas peur. » À mains ⬜tremblantes , elle saisit l'une des bandes et l'enroula autour de ses yeux.
Elle leva les yeux. L'inconnu fixait Neil. Le revolver était pointé sur lui. Un moment plus tôt, elle avait entendu un déclic et avait attiré Neil contre elle, faisant un bouclier de son corps.
L'inconnu la regarda. Il abaissa lentement son revolver plutôt que de tirer. Il avait failli tuer Neil, pensa-t-elle. Il était prêt à le tuer.

b. Réécris la phrase en remplaçant le groupe nominal *un regard* par *des yeux* et fais toutes les modifications nécessaires.

« L'enfant leva un regard suppliant vers Sharon. »
L'enfant leva des yeux suppliants vers Sharon.

● *Un regard <u>suppliant</u> et à mains <u>tremblantes</u>* : ces deux adjectifs verbaux jouent le rôle d'adjectif qualificatif. Ils s'accordent en genre et en nombre avec le nom qu'ils caractérisent.
● *Faisant un bouclier de son corps* : *faisant* est un participe présent. Il ne dit pas comment est la femme mais ce qu'elle fait. Le participe présent est une forme verbale ; il est suivi d'un groupe nominal en fonction de COD et il est invariable.
● Attention à la conjugaison du verbe *s'asseoir*. À l'infinitif, il prend un *e* qu'on ne retrouve pas dans la conjugaison.

6 Entoure dans la dictée deux verbes à l'impératif et observe leurs terminaisons. Que remarques-tu ?

assieds prend un *s* final à la 2ᵉ personne du singulier mais *aie* n'en prend pas.

● Aide-toi de la leçon de l'unité 14, p. 32.

25 Conjugaison et accord des verbes

Quoique et quoi que

1 Complète les phrases par *quoique* ou *quoi que*.

1. Quoique je sois fatigué, j'irai volontiers au cinéma. – **2.** Quoi qu' il en soit, il faut prendre une décision. – **3.** Je changerai d'emploi quoi que tu en penses. – **4.** J'ai pensé à toi pour cette mission quoique nous ne nous soyons pas revues depuis longtemps. – **5.** Quoique les vacances d'été durent deux mois, elles me semblent courtes. – **6.** Quoi qu'il fasse, quoi qu'il dise, vous êtes toujours en désaccord.

● *Quoique* (en un mot) peut être remplacé par *bien que*.
● *Quoi que* (en deux mots) peut être remplacé par *quelle que soit la chose que*.

2 Complète les phrases par *quoique* ou *quoi que*, puis coche la bonne graphie du verbe qui suit.

1. Je te rendrai ce travail dans les délais quoique j' ☐ ai ☒ aie pris un peu de retard. – **2.** Quoique j' ☐ ai été ☒ aie été peinée de ton silence, je ne t'en veux pas. – **3.** Quoi qu'il ☐ fit ☒ fît, elle n'était jamais satisfaite. – **4.** Quoi qu'elle ☐ parla ☒ parlât fort, il ne comprit pas. – **5.** Quoi qu'elle ☐ court ☒ coure vite, elle ne parvient pas à le rejoindre. – **6.** Quoique je ☐ vois ☒ voie un virage dangereux, je ne parviens pas à freiner à temps. – **7.** Quoiqu'il ☐ est ☒ ait des difficultés en orthographe, il ne se décourage pas.

● Les conjonctions de subordination *quoi que* et *quoique* sont toujours suivies du subjonctif.

3 **a.** Dans la phrase en bleu de la dictée, remplace *quoi qu'* par la locution qui convient. Coche la bonne case.

☐ bien que   ☒ quelle que soit la chose que

Joseph Pioche qui est un opérateur de radio remarquable, avait installé son poste dans une petite maison qu'on avait louée au milieu des champs. Au bout de quelque temps la région était devenue mauvaise. Des voitures de repérage naviguaient aux alentours. Pioche eut à passer, le dernier jour, vingt-deux télégrammes extrêmement importants. C'est très long vingt-deux télégrammes quand la détection vous cerne. Pioche s'est barricadé dans la maison avec ses deux fils bien armés. Ils avaient pour consigne de tenir quoi qu'il arrivât, jusqu'à la fin des messages, mais Pioche a pu passer ses télégrammes sans incident.

b. À quels temps et mode le verbe *arrivât* est-il conjugué ?

Le verbe *arrivât* est conjugué à l'imparfait du subjonctif.

● N'oublie pas que le participe passé employé avec l'auxiliaire *avoir* s'accorde en genre et en nombre avec le COD placé avant le verbe. Le COD antéposé est généralement un pronom (ici, le pronom relatif *que*).
● Le participe passé employé avec *être* s'accorde en genre et en nombre avec le sujet.

4 Dans les extraits suivants, entoure le mot avec lequel tu accordes le participe passé puis précise sa fonction grammaticale.

1. « une petite maison ⟨qu'⟩ on avait **louée** au milieu des champs » COD
2. « Au bout de quelque temps ⟨la région⟩ était **devenue** mauvaise. » Sujet

5 Dans les groupes nominaux suivants, écris *quelque* ou *quelques* et remplace *quelques* par « plusieurs » et *quelque* par « un certain ».

1. Au bout de quelque (d'un certain) temps la région était devenue mauvaise.
2. Quelques (plusieurs) heures plus tard, il avait pu passer tous ses télégrammes.

6 Complète le texte suivant par *ses, ces, c'est* ou *s'est*.

C'est la guerre. Pioche est un résistant. Il s'est barricadé avec ses fils dans une petite maison pour envoyer des messages. Ces télégrammes sont extrêmement importants. Il s'est engagé à terminer le travail quoi qu'il arrive.

● On trouve *s'est* quand on conjugue un verbe pronominal au passé composé à la 3e pers. du sing.

26 Homophones grammaticaux

Quelque et quel que

1 Dans les phrases suivantes, écris au singulier ou au pluriel le groupe nominal en italiques.

1. Je l'ai quitté il y a *quelques instants* – **2.** Il aura vu *quelque film d'horreur* qui lui aura donné des cauchemars. – **3.** Allons faire *quelques pas* sur la plage. – **4.** Il contemple un château fort construit par *quelque chevalier du Moyen Âge*. – **5.** Il regarde un tableau peint par *quelque peintre paysagiste* du XIXe siècle.

● Phrases 1 et 3, *quelques* (= *plusieurs*) + groupe nominal au pluriel.
● Phrases 2, 3 et 4, *quelque* (= *un certain*) + groupe nominal au singulier.

2 Dans les phrases suivantes, distingue *quelque* déterminant indéfini de *quelque* adverbe.

1. Il a fait preuve de *quelque détermination* en repassant ce concours.
X déterminant indéfini ☐ adverbe
2. Il lui reste *quelque cinq minutes* avant la fin de l'épreuve.
☐ déterminant indéfini **X** adverbe.

● Reporte-toi à le leçon 26, p. 56.

3 Entoure, dans les phrases suivantes, la forme qui convient.

1. (Quelque) / quel que / quels que intelligents qu'ils soient ils n'ont pas décelé la supercherie.
2. Quelque / quel que / (quelle que) soit ta peine, il faut réagir.
3. Quelque/quel que/(quelles que) soient tes raisons, ton attitude est inadmissible.
4. (Quelque) / quelle que généreuse qu'elle soit, elle n'a pu l'accueillir.

● Si on peut remplacer *quelque* par *aussi*, *quelque* est un adverbe. Il est donc invariable.

4 a. Quelle est la nature du mot *quelque* dans le groupe nominal *quelque lieu* (en gras) ?
X déterminant indéfini ☐ adverbe

b. Dans ce même groupe nominal, quel est le sens du mot *quelque* ?
X un certain ☐ plusieurs

5 a. Avec quel nom *quel qu'* s'accorde-t-il dans l'expression en bleu de la dictée ?

Je sens en écrivant que mon pouls s'élève encore ; ces moments me seront toujours présents quand je vivrais cent mille ans. Ce premier sentiment de la violence et de l'injustice est resté profondément gravé dans mon âme (…). Mon cœur s'enflamme au spectacle ou au récit de toute action injuste, **quel qu'en soit l'objet** et en quelque lieu qu'il se commette, comme si l'effet en retombait sur moi. Quand je lis les cruautés d'un tyran féroce, les subtiles noirceurs d'un fourbe de prêtre, je partirai volontiers pour aller poignarder ces misérables dussé-je cent fois y périr.
Quel s'accorde avec le nom *l'objet*.

b. Quelle est la fonction du mot *quel* ?
☐ sujet **X** attribut du sujet

● *Quel(s) que* ou *quelle(s) que* est suivi du verbe *être* au subjonctif.

6 a. Quelle est la nature du mot *tout* dans le groupe nominal souligné dans le dictée ?
X déterminant indéfini ☐ adverbe

b. Quel est le sens de *tout* dans ce même groupe de mots ?
Tout signifie « n'importe quelle ».

● Si *tout* est un déterminant indéfini, il s'accorde en genre et en nombre avec le nom ou le groupe nominal qu'il détermine.

7 Complète les phrases suivantes avec le mot [pu] que tu écriras comme il convient.

1. Son pouls bat à soixante pulsations par minute.
2. Il a attrapé des poux à l'école.

● *Pouls* : nom masculin du latin *pulsum* (pulsation cardiaque).
● *Pou* : nom masculin (insecte parasite) prend un *x* au pluriel.

8 a. Quel est l'infinitif du verbe *dussé* ?
L'infinitif de *dussé* est *devoir*.

b. À quel temps ce verbe est-il conjugué ?
Il est conjugué à l'imparfait du subjonctif.

● *Pouls* : nom masculin du latin *pulsum* (pulsation cardiaque).
● *Pou* : nom masculin (insecte parasite) prend un *x* au pluriel.

eut, eût et fut, fût

1 Complète les propositions subordonnées conjonctives suivantes par *eut, eût* ou par *fut, fût*. Surligne les conjonctions de subordination.

1. Elle berça son bébé pour qu' il fût (soit) calme. – **2.** Quand la bise fut (est) venue, la cigale ne trouva plus rien à manger. – **3.** Bien qu' elle eût (ait) tout son temps, elle préféra ne pas prolonger sa promenade. – **4.** Il veilla jusqu'à ce qu' il eût (ait) trouvé une solution. – **5.** Après qu' il eut (a) terminé son repas, il alla se reposer. – **6.** Elle avait tout organisé avant qu' il fût (soit) de retour.

● Les conjonctions de subordination *bien que, pour que* et *jusqu'à ce que* sont toujours suivies du subjonctif. Les conjonctions de subordination *après que* et *quand* sont toujours suivies de l'indicatif.

2 Complète le texte suivant par *eut, eût* ou *fut, fût*.

Tant que Cosette fut toute petite, elle fut le souffre-douleur des deux autres enfants ; dès qu'elle se mit à se développer un peu, c'est-à-dire avant même qu'elle eût cinq ans, elle devint la servante de la maison. Si sa mère fût revenue à Montfermeil au bout de ces trois années, elle n'eût point reconnu son enfant.

● Dans le système hypothétique, on peut remplacer le subjonctif plus-que-parfait de la proposition principale par le conditionnel passé : *S'il m'eût écouté, il lui eût téléphoné.* ⟶ *S'il m'avait écouté, il lui aurait téléphoné.*

3 **a.** La phrase en bleu dans la dictée est à la forme passive. À quel temps le verbe *être* est-il conjugué ?

D'après ces gens affolés, on eût dit que le sol était agité de trépidations, comme si un ancien cratère se fût rallumé à la chaîne des Carpathes. Mais peut-être y avait-il de l'exagération dans ce qu'ils croyaient voir, entendre et ressentir. L'auberge du village était déserte. Un lazaret par temps d'épidémie n'eût pas été plus abandonné. Le soir du 9 juin, le loquet de la porte fut levé du dehors ; mais cette porte verrouillée du dedans, ne put s'ouvrir. L'aubergiste se hâta de descendre. À l'espoir qu'il éprouvait de se trouver en face d'un hôte se joignait la crainte que cet hôte ne fût quelque revenant.

Fut est le verbe *être* conjugué au passé simple.

● La phrase en bleu est une proposition indépendante. Le verbe *être* est au passé simple (*fut*). On rencontre généralement le subjonctif en proposition subordonnée.

b. Complète cette phrase en conjuguant le verbe *être* au présent de narration.

Le soir du 9 juin, le loquet de la porte est levé du dehors.

4 Dans la phrase : « Un lazaret par temps d'épidémie n'eût pas été plus abandonné », remplace le subjonctif plus-que-parfait par un conditionnel passé.

Un lazaret par temps d'épidémie n'aurait pas été plus abandonné.

● Dans cette proposition indépendante, le subjonctif plus-que-parfait du verbe être (*eût été*) peut être remplacé par un conditionnel passé (*aurait été*).

5 **a.** Dans la phrase suivante, à quel temps les verbes soulignés sont-ils conjugués ?

« D'après ces gens affolés, on eût dit que le sol était agité de trépidations, comme si un ancien cratère se fût rallumé à la chaîne des Carpathes. »

☐ passé simple   ☐ passé antérieur
☐ subjonctif imparfait   ☒ subjonctif plus-que-parfait

b. Conjugue les verbes au plus-que-parfait de l'indicatif ou au conditionnel passé.

D'après ces gens affolés, on aurait dit que le sol était agité de trépidations, comme si un ancien cratère s'était rallumé à la chaîne des Carpathes.

● Le subjonctif plus-que-parfait se construit à partir des auxiliaires *être* et *avoir* au subjonctif imparfait suivis du participe passé.

Préparer la dictée

Mme Loisel, invitée au bal du Ministère, se lamente de ne pas avoir de bijou à porter.

– Cela m'ennuie de n'avoir pas de bijou. <u>J'aurai l'air misère. J'aimerais presque mieux ne pas y aller.</u>

– Que tu es bête ! Va trouver ton amie Mme Forestier et demande-lui de te prêter des bijoux.

Elle poussa un cri de joie :

– C'est vrai. Je n'y avais point pensé.

Le lendemain, elle se rendit chez son amie et lui conta sa détresse.

Mme Forestier alla vers son armoire à glace, prit un large coffret, l'apporta et dit à Mme Loisel :

– Choisis, ma chère.

Elle essayait les parures et ne pouvait se décider. Elle demandait toujours :

– Tu n'as plus rien d'autre ?

– Mais si. Cherche. Je ne sais ce qui peut te plaire.

Guy de Maupassant, *La Parure*, 1885.

3 **a. Surligne deux verbes du 1er groupe au présent de l'impératif.**

b. Pourquoi ces verbes n'ont-ils pas un -s final ? Coche la bonne case.

❑ ce sont des verbes du 1er groupe   ❑ ils se terminent par un -e   ❑ ils sont irréguliers

4 **Relève dans la dictée un verbe du 3e groupe qui n'a pas de -s final à la 2e personne du présent de l'impératif.** ....

5 **Complète le tableau suivant.**

	Nom masculin	3e personne du présent de l'indicatif
crier	un	il ....
ennuyer	un	il ....

6 **a. Réécris les deux phrases, soulignées dans la dictée, à la 3e personne du singulier.**

Aide-toi de l'unité 11, p. 26.

Elle ....

b. Identifie la valeur du présent du conditionnel *j'aimerais* dans la 2e phrase.

Il s'agit d'   ❑ une condition   ❑ un souhait   ❑ une certitude

7 **Complète les phrases suivantes avec les homophones : *conte, comte, compte*.**

1. Elle lui .... sa mésaventure. – **2.** Je .... sur toi. – **3.** Un .... vivait dans ce château. – **4.** Avant de s'acheter cette maison, il a fait ses ....

15 Conjugaison et accord des verbes

Écrire un verbe
à l'imparfait ou au passé simple

● Il ne faut pas confondre les terminaisons homophones **du passé simple** et de **l'imparfait** à la 1re personne du singulier des verbes du 1er groupe (tableau ci-contre).

Passé simple	Imparfait
je chant-*ai*	je chant-*ais*
tu chant-*as*	tu chant-*ais*
il chant-*a*	il chant-*ait*
nous chant-*âmes*	nous chant-*ions*
vous chant-*âtes*	vous chant-*iez*
ils chant-*èrent*	ils chant-*aient*

● Pour les différencier, on peut :

– **changer de personne** : *Je marchais tranquillement* (imparfait) *quand soudain, je glissai (passé simple) sur une peau de banane*

→ *Tu marchais tranquillement quand soudain tu glissas sur une peau de banane ;*

– **se référer aux emplois (ou valeurs) de chacun de ces temps :** le passé simple exprime des actions principales du récit ; l'imparfait exprime des actions secondaires ou des actions qui se répètent dans le passé. On l'utilise aussi pour les descriptions.

Appliquer

1 Coche l'explication de l'emploi de l'imparfait dans chacune des phrases suivantes.

1. « Il me guida dans une salle gigantesque dans laquelle <u>travaillaient</u> une quarantaine de personnes. » (Amélie Nothomb, *Stupeur et Tremblements*, p. 15).

❑ une action secondaire   ❑ une action qui se répète dans le passé   ❑ une description

2. « Mademoiselle Mori <u>mesurait</u> au moins un mètre quatre-vingt » (*Ibid*, p. 15).

❑ une action secondaire   ❑ une action qui se répète dans le passé   ❑ une description

3. « Les jours s'écoulaient et je ne servais toujours à rien. […] Assise à mon bureau, je <u>lisais</u> et <u>relisais</u> les documents que Fubuki avait mis à ma disposition. » (*Ibid*, p. 16).

❑ une action secondaire   ❑ une action qui se répète dans le passé   ❑ une description

2 Entoure la forme verbale qui convient dans les phrases suivantes et justifie l'emploi des temps que tu auras choisis.

1. Tous les jeudis, j'allai / allais à la piscine en sortant du collège.

....

2. Ce jour-là, je portai / portais une veste en lin.

....

3. J'assistai / assistais au débarquement des alliés sur les plages de Normandie.

....

4. Je traversai / traversais la rue quand je croisai / croisais un visage familier.

....

> Change de personne pour différencier l'imparfait du passé simple et aide-toi des emplois de chacun de ces temps.

Préparer la dictée

La narratrice raconte son arrivée dans une entreprise japonaise où elle doit effectuer un stage.

Le 8 janvier 1990, l'ascenseur me cracha au dernier étage de l'immeuble Yumimoto. Je ne songeai pas à me présenter à la réception.

– Pourquoi n'avez-vous pas averti la réceptionniste de votre arrivée ?

Je ne trouvai rien à répondre et ne répondis rien. J'inclinai la tête constatant que j'avais déjà produit une mauvaise impression, le jour de mon entrée dans la compagnie. L'homme me dit qu'il s'appelait monsieur Saito. Il me conduisit à travers d'innombrables et immenses salles dans lesquelles il me présenta à des hordes de gens, dont j'<u>oubliais</u> le nom au fur et à mesure qu'il les énonçait.

Amélie Nothomb, *Stupeur et Tremblements*, Albin Michel, 2000.

3 Surligne dans la dictée trois verbes du 1er groupe à la 1re pers. du sing. du passé simple et encadre un verbe du 1er groupe à la 1re pers. du sing. de l'imparfait.

4 a. Réécris les phrases en gras en remplaçant le pronom *je* par le pronom *elle*.

Elle ne ....

....

b. Coche les affirmations justes parmi celles qui te sont proposées ci-dessous.

Le passage de la 1re à la 3e personne m'a permis de distinguer :	vrai/faux	
1. Les verbes du 1er groupe homophones à la 1re personne du passé simple et de l'imparfait :	❑	❑
2. Les actions de 1er plan de celles de 2e plan :	❑	❑
3. Les actions qui se répètent dans le passé et les descriptions :	❑	❑

5 Conjugue les verbes suivants à la personne demandée de l'imparfait de l'indicatif.

1. J'oubliais : nous ....   **2.** Il énonçait : nous ....

6 Quelle est la valeur de l'imparfait du verbe souligné dans la dernière phrase de la dictée ?

❑ une action secondaire   ❑ une action qui se répète dans le passé   ❑ une description

7 Dans la phrase suivante, accorde comme il convient les verbes conjugués à l'imparfait.

Il lui (donner) .... des informations mais elle les (oublier) ....

Écrire un verbe aux temps composés

Pour conjuguer les verbes au temps composés, il faut connaître les conjugaisons des auxiliaires aux temps simples et les terminaisons des participes passés : *j'ai chanté, tu avais fini, il aura pris, j'aurais eu, j'eus été...*

● **Les terminaisons des participes passés**
– Le participe passé des verbes du **1er groupe** est toujours en **-é** (*chanté*).
– Le participe passé des verbes du **2e groupe** est toujours en **-i** (*fini*).
– Le participe passé des verbes du **3e groupe** est variable : en **-i**, **-is**, **-it** (*parti, mis, dit*), en **-u** (sauf *inclus* et *reclus*), en **-t** (*ouvert*).

● **Les temps composés**
– Le passé composé (P.C.) = auxiliaire au présent + part. passé : *Il **a téléphoné** à sa cousine.*
– Le plus-que-parfait (P.Q.P.) = auxiliaire à l'imparfait + part. passé : *Il lui **avait dit** de venir le voir.*
– Le passé antérieur (P.A.) = auxiliaire au passé simple + part. passé : *Quand la bise **fut venue**, la température chuta.*
– Le futur antérieur (F.A.) = auxiliaire au futur + part. passé : *Quand il **aura fini** son travail, il lira.*
– Le conditionnel passé = auxiliaire au conditionnel + part. passé : *Il l'appellerait quand il **aurait terminé**.*
– Le subjonctif passé = auxiliaire au subjonctif présent + part. passé : *C'est le seul pays qu'il **ait visité**.*

Appliquer

1 Conjugue les verbes aux personnes demandées du passé simple et du passé composé.

	Passé simple	Passé composé
1. Convaincre	je	J'...... ....
2. Débattre	il	il ....
3. Transmettre	il	il ....
4. Rougir	tu	tu ....
5. Interrompre	il	il ....

2 Dans les phrases suivantes, conjugue les verbes aux temps composés demandés.

1. Vous (*inclure* P.Q.P.) .... le service après-vente. – **2.** Nous t'avertirons quand ils (*recevoir*, F.A.) .... la réponse. – **3.** Si je ne lui (*permettre*, P.Q.P.) .... de prendre ma voiture, il serait arrivé en retard. – **4.** Il (*construire*, P.C.) .... lui-même sa maison. – **5.** Ils amélioreront leurs résultats quand ils (*acquérir*, F.A.) ...., plus d'expérience. – **6.** Emma (*peindre*, P.Q.P.) .... un magnifique tableau.

Préparer la dictée

Donc, Monsieur, les blessures que j'ai **reçues** auront probablement produit un tétanos, ou m'auront mis dans une crise analogue à une <u>maladie nommée</u> je crois catalepsie. Autrement, **comment concevoir que j'aie été**, suivant l'usage de la guerre, **jeté dans la fosse aux soldats** par <u>les gens chargés </u>d'enterrer les morts ? Ici permettez-moi de placer un détail que je n'ai pu connaître que postérieurement à ce qu'il faut bien appeler ma mort. **J'ai rencontré, en 1814, un ancien maréchal des logis** de mon régiment. Ce cher homme, le seul qui ait voulu me reconnaître, m'expliqua le phénomène de ma conservation.

Honoré de Balzac, *Le Colonel Chabert*, 1844.

3 Complète le tableau suivant à l'aide de verbes relevés dans la dictée.

Passé composé	Futur antérieur	Passé du subjonctif
.... ; .... ;	....	....
.... ;	....	....

4 Complète le tableau à l'aide des participes passés des verbes relevés dans la question 3.

Participe passé des verbes du 3ᵉ groupe		
-is	*-it*	*-u*
....	....	.... ; .... ; ....

5 Réécris les phrases en bleu à la 3ᵉ personne du singulier pour différencier le présent de l'indicatif (*j'ai* ⟶ *il a*) du présent du subjonctif (*que j'aie* ⟶ *qu'il ait*).

1. ....
2. ....

6 a. Coche la bonne case qui indique l'emploi du participe passé *reçues* (en gras).

❏ sans auxiliaire   ❏ avec l'auxiliaire être   ❏ avec l'auxiliaire avoir

b. Il s'accorde avec :   ❏ le GN sujet *les blessures*   ❏ le pronom relatif COD *que*

c. Quel est l'antécédent du pronom relatif *que* ?

7 a. Comment sont employés les GN soulignés dans la dictée ?

❏ sans auxiliaire   ❏ avec l'auxiliaire être   ❏ avec l'auxiliaire avoir

b. Surligne le mot avec lequel chacun d'eux s'accorde.

Aide-toi des unités 18 et 19, pp. 40 et 42.

Utiliser les terminaisons verbales -i, -is, -it et -u, -us, -ut

● Il faut bien **distinguer les terminaisons homophones** des verbes des 2e et 3e groupes au passé simple et au participe passé.

	Passé simple	Participe passé
2e groupe : finir **3e groupe** : partir	je finis, tu finis, il finit je partis, tu partis, il partit	fin-*i* part-*i*
3e groupe : prendre dire apercevoir	je pris, tu pris, il prit je dis, tu dis, il dit j'aperçus, tu aperçus, il aperçut	pr-*is* d-*it* aperç-*u*

● **Le passé simple** peut être remplacé dans une phrase par un présent de narration :
Il partit (part) en vacances au début du mois de juillet.

● **Le participe passé** se rencontre :
– après l'auxiliaire *être* ou *avoir*, quand il est employé comme verbe à un temps composé : *J'ai fini, il était parti, j'aurais pris, tu eus dit* ;
– dans un groupe nominal, quand il est employé comme adjectif : *Un travail fini, un bateau aperçu au loin.*

Appliquer

1 **Complète les terminaisons verbales.**

1. Après ces malheureux événements, la vie repri… son cours. – **2.** Tout article vendu en solde n'est ni repri… ni échangé. – **3.** Tout élève qui n'est pas admi… à passer en seconde peut faire appel. – **4.** Il admi… qu'il avait fait une bêtise. – **5.** Je t'ai transmi… tous les documents.

2 **Entoure la forme verbale qui convient dans les phrases suivantes.**

1. J'ai voulu / voulus / voulut te prévenir de mon arrivée, mais je n'ai pas pu / pus / put le faire. – **2.** Cet élève a été exclu / exclus / exclut. – **3.** Le prix inclu / inclus / inclut le service après vente. – **4.** J'ai conclu /conclus / conclut un accord avec lui. – **5.** Je m' aperçu / aperçus / aperçut qu'il n'avait pas revu / revus / revut les règles d'accords de participes passés.

3 **Complète le texte avec les terminaisons qui conviennent : -us, -ut, -u.**

« Je m'évanouis en descendant de cheval, et je cr……… que j'allais crever dans les broussailles comme un lièvre qui a reç…………… du plomb. Carmen était à Grenade, et accour……………… »
(D'après Prosper Mérimée, *Carmen*, 1845).

4 **Complète le texte avec les terminaisons qui conviennent : -i, -is, -it.**

« Le lendemain de l'exécution d'Ulbach, il se m………… à écrire ce livre. Quand un de ces crimes publics, a été comm………, sa conscience lui a d………… qu'il n'en était plus solidaire. »
(D'après Victor Hugo, Le *Dernier Jour d'un condamné*, 1829).

Préparer la dictée

Le colonel Chabert raconte à l'avoué Maître Derville comment il a été laissé pour mort sur le champ de bataille d'Eylau, son corps enseveli sous celui de ses camarades.

En ce moment, je m'aperçus que j'avais la tête ouverte. Par bonheur, **mon sang**, celui de mes camarades ou la peau meurtrie de mon cheval peut-être, que sais-je ! **m'avait, en se coagulant, comme enduit d'un emplâtre naturel**. Malgré cette croûte, je m'évanouis quand mon crâne fut en contact avec la neige. Cependant, le peu de chaleur qui me restait ayant fait fondre la neige autour de moi, je me trouvai, quand je repris connaissance, au centre d'une petite ouverture par laquelle je criai aussi longtemps que je pus. Mais alors le soleil se levait, j'avais donc bien peu de chances pour être entendu.

Honoré de Balzac, *Le Colonel Chabert*, 1844.

5 a. Dans le texte, souligne les formes verbales qui se terminent par *-u, -us, -ut*.

b. Classe les verbes que tu as soulignés dans le tableau ci-dessous.

Verbes au passé simple en *-us, -us, -ut*	Verbe(s) au participe passé en *-u*
....	....
....	....

c. À quel groupe ces verbes appartiennent-ils ? ....

6 a. Dans la dictée, surligne les formes verbales qui se terminent par *-i, -is,-it*.

b. À quels groupes ces verbes appartiennent-ils ? ....

7 a. Dans la phrase en gras dans la dictée, explique la présence de la consonne finale à la fin du participe passé ?

....

b. Ce participe passé est-il employé ?

❏ comme adjectif qualificatif   ❏ dans la formation d'un temps composé

> **Aide-toi de la leçon de l'unité 16, p. 36.**

8 Dans le groupe nominal, *la peau meurtrie*, quel est le nom caractérisé par le participe passé *meurtrie* ? Précise son genre et son sombre.

....

b. Quelle est la fonction de ce participe passé ?

❏ épithète   ❏ attribut   ❏ apposé

Accorder un participe passé (I)

● **Employé sans auxiliaire**, le participe passé joue le rôle d'un adjectif qualificatif. Il s'accorde en genre et en nombre avec le nom ou le groupe nominal qu'il caractérise : *Les élèves* (groupe nominal masculin pluriel), *ravis, attendent l'arrivée de leurs correspondants.*

● Le participe passé employé **avec l'auxiliaire être** ou les verbes attributifs (*sembler, paraître, demeurer, devenir, rester, avoir l'air...*) s'accorde en genre et en nombre avec le sujet : *En hiver, les montagnes* (groupe nominal sujet féminin pluriel) *sont enneigées.*

● Le participe passé employé **avec l'auxiliaire avoir** s'accorde en genre et en nombre avec le COD quand celui-ci est placé avant le verbe. Il s'agit généralement d'un pronom personnel (*le, la, les, vous, me, te, se, nous, etc.*) ou du pronom relatif *que*.
– Avec un pronom personnel : *Il les* (COD = les copies, féminin pluriel) *a corrigées* (participe passé féminin pluriel).
– Avec un pronom relatif : *L'émission* (sujet du verbe *était* et antécédent féminin singulier du pronom *que*) *que* (COD du verbe *ai vue*) *j'ai vue à la télévision était excellente.*

Attention, le participe passé employé avec l'auxiliaire *avoir* ne s'accorde pas si :
– le COD est placé après le verbe : *Le professeur a corrigé les copies* (COD) ;
– le COD est le pronom *en* : *Je n'achète pas de fraises car j'en* (COD) *ai mangé hier* ;
– le participe passé du verbe *faire* est suivi d'un verbe à l'infinitif : *Elle lui apporte les livres qu'il lui a fait acheter.*

Appliquer

1 Dans les phrases suivantes, remplace par un pronom personnel le groupe nominal COD qui est souligné et accorde le participe passé comme il convient.

Ex. : *Le professeur a averti les élèves de la date du prochain contrôle* ⟶ *Le professeur les a avertis de la date du prochain contrôle.*

1. Paul a appelé sa sœur samedi dernier. ⟶ ....

2. Nous avons mangé des glaces. ⟶ ....

2 Dans les phrases suivantes, accorde comme il convient les participes passés employés avec l'auxiliaire *avoir*. Ex. : *Rends-moi les livres / que* (COD) *je t'ai prêtés.*

1. J'ai lu… les livres / **que** tu m'avais conseillé…

2. Tu as planté… les fleurs / **qu'**on t'a offert…

3. Il a demandé… à son amie de lui donner la recette / **qu'**elle lui avait préparé… pour le dîner.

3 Accorde si nécessaire les participes passés suivants. Surligne le mot avec lequel tu fais l'accord.

1. Elle a terminé… les exercices de révision que son professeur lui a fait… faire. Il les lui a corrigé… – **2.** Martin a des difficultés dans la résolution des problèmes. Il en a parlé… à son professeur. Celui-ci lui a donné… des conseils qu'il a suivi… .

Préparer la dictée

À voir Yvonne de Galais, on eût dit que cette maison nous appartenait, que nous l'avions abandonnée durant un long voyage. Elle ouvrit, en se penchant, une petite grille, et se hâta d'inspecter avec inquiétude le lieu solitaire. Une grande cour herbeuse était ravinée par un l'orage. Un cerceau trempait dans une flaque d'eau. Dans les jardinets, où les enfants avaient semé des fleurs et des pois, la grande pluie n'avait laissé que des traînées de gravier blanc. Et enfin nous découvrîmes, blottie contre le seuil d'une des portes mouillées, toute une couvée de poussins transpercée par l'averse. Presque tous étaient morts sous les ailes raidies et les plumes fripées de la mère.

Alain-Fournier, *Le Grand Meaulnes*, Arthème Fayard, 1986.

4 **Relève, dans la dictée, les participes passés employés sans auxiliaire. Précise le groupe nominal ou le pronom avec lequel chacun d'eux s'accorde.**

blottie	....	....	....	....
toute une couvée de poussins transpercée par l'averse	....	....	....	....

5 **Relève trois participes passés employés avec *avoir* qui ne s'accordent pas. Coche la raison pour laquelle ils ne s'accordent pas.**

Les participes ...., ..., ... ne s'accordent pas car :

❏ il n'y a pas de COD   ❏ le COD est placé après le verbe.

6 **a. Dans l'extrait suivant, entoure le mot avec lequel s'accorde le participe passé.**

« Nous l'avions abandonnée durant un long voyage. »

b. Quelles sont la nature et la fonction de ce mot ? Coche la bonne réponse.

❏ un pronom personnel en fonction de COD   ❏ un groupe nominal en fonction de sujet

7 **a. Souligne les participes passés de la dictée employés avec l'auxiliaire *être*.**

b. Encadre le mot ou le groupe de mots avec lequel s'accordent ces participes passés.

c. Quelle est la fonction de ces mots encadrés ?

❏ sujet   ❏ attribut   ❏ COD

Accorder un participe passé (II)

● Les verbes pronominaux de sens réfléchi ou réciproque s'accordent en genre et en nombre avec le COD placé avant.
– Les verbes **pronominaux de sens réfléchi** expriment une action faite par le sujet sur lui-même : *Elle s'* (COD) *est regardée* (*s'* = elle-même).
– Les verbes **pronominaux de sens réciproque** expriment une action que plusieurs sujets exercent les uns sur les autres : *Nous **nous*** (COD) *sommes rencontrés chez des amis* (*nous* = l'un l'autre).

● Les verbes pronominaux de sens passif ou essentiellement pronominaux s'accordent en genre et en nombre avec le sujet.
– Les verbes **pronominaux de sens passif** expriment une action dont le sujet subit l'action : *La lumière* (sujet) *s'est éteinte* (la lumière a été éteinte).
– Certains verbes existent seulement à la voix pronominale (*se souvenir, s'écrier, s'emparer, s'accouder, s'enfuir, s'évanouir…*). On dit qu'ils sont **essentiellement pronominaux** : *Elle* (sujet) *s'est évanouie*.

Appliquer

1 **a. Dans les phrases suivantes, souligne le verbe pronominal de sens réfléchi et surligne le verbe pronominal de sens réciproque.**

1. Marie s'est cogné… – **2.** Marie s'est cogné… le coude. – **3.** Les deux amis se sont poussé… – **4.** Pierre et Jean se sont téléphoné… – **5.** Les élèves se sont prêté… les documents.

> Attention aux phrases qui n'ont pas de COD ! Si le pronom *se* est en fonction de COI, le participe passé ne s'accorde pas.

b. Encadre le COD de chacun de ces verbes, puis accorde comme il convient le participe passé.

2 **a. Dans les phrases suivantes, souligne les verbes pronominaux de sens passif et les verbes essentiellement pronominaux.**

1. Ces tableaux se sont vendu… très chers.

2. Vous vous êtes évadé…

3. Les oiseaux se sont envolé…

4. Les résistants se sont caché… dans le maquis.

b. Encadre le sujet de chacun de ces verbes, puis accorde comme il convient le participe passé.

3 **Accorde le participe passé des verbes pronominaux quand cela est possible. Encadre le mot avec lequel il s'accorde et précise sa fonction.**

1. Ils se sont parlé… au téléphone.

2. Ils se sont retrouvé… après des années de séparation.

3. Les chefs se sont succédé… de père en fils.

Préparer la dictée

Philippe Gerbier, chef d'un groupement de la Résistance, rapporte une conversation qu'il a eue avec un autre chef de groupement, Louis H.

Louis H. a dans un camp de concentration français trois hommes auxquels il tient beaucoup. **Ces trois hommes, la Gestapo les a exigés.** Ils vont lui être livrés dans quatre jours. **L'organisation de Louis H. a été terriblement éprouvée.**

Ensuite, nous <u>nous sommes laissés</u> aller aux souvenirs. Sur les quatre cents membres qui au début formaient leur groupe, il en reste cinq qui sont encore en vie ou en liberté. La Gestapo fauche sans cesse, plus serré, plus dru. Mais l'ennemi ne peut plus réussir à supprimer la résistance. Elle a pris la forme de l'Hydre. Coupez-lui la tête, il en repousse dix, à chaque jet de sang.

Joseph Kessel, *L'Armée des ombres*, Éditions de Crémille, 1972.

4 **a. Dans la phrase bleue, encadre le mot avec lequel s'accorde le participe passé.**

b. Complète la phrase pour expliquer l'accord du participe.

Le participe passé .... est employé avec l'auxiliaire .... Il s'accorde en genre

et en nombre avec le pronom .... dont la fonction est ....

5 **Pourquoi le participe passé ne s'accorde-t-il pas dans la phrase « Elle a pris la forme de l'Hydre » ? Coche la bonne réponse.**

❑ Il n'y a pas de COD   ❑ Le COD est placé après le verbe

6 **a. Dans la phrase en gras, avec quel auxiliaire le participe passé est-il employé ? À quel temps cet auxiliaire est-il conjugué ?** ....

b. Avec quel groupe nominal le participe passé s'accorde-t-il ? Quelle est sa fonction ?
....

7 **a. Dans la phrase « Ils vont lui être livrés dans quatre jours. », entoure le mot avec lequel s'accorde le participe passé.**

Reporte-toi à l'unité 16, p. 36

b. Quelle est la fonction de ce mot ? ....

8 **a. Quel est l'infinitif du verbe souligné dans la dictée ?** ....

b. Il s'agit d'un verbe pronominal de sens :

❑ réfléchi   ❑ réciproque   ❑ passif   ❑ essentiellement pronominal

c. Entoure le mot avec lequel ce participe s'accorde. Quelle est sa fonction ?
....

Distinguer un passé simple d'un subjonctif imparfait

● Il ne faut pas confondre les terminaisons homophones à la 3ᵉ personne du singulier du **passé simple** et de **l'imparfait du subjonctif**.

	1ᵉʳ groupe	2ᵉ groupe	3ᵉ groupe		
Passé simple	il chant-**a**	il fin-**it**	il part-**it**	il aperç-**ut**	il v-**int**/il t-**int**
Imparfait du subjonctif	qu'il chant-**ât**	qu'il fin-**ît**	qu'il part-**ît**	qu'il aperç-**ût**	qu'il v-**înt**/t-**înt**

● Pour les différencier, on peut **remplacer le passé simple par le présent de l'indicatif** (avec une valeur de présent de narration) **et l'imparfait du subjonctif par le présent du subjonctif** : *Il **fallut** (faut) qu'il **vînt** (vienne) le plus vite possible.*
       passé simple   imparfait du subjonctif

● On trouve le plus souvent l'imparfait du subjonctif **en proposition subordonnée** pour exprimer une possibilité ou une éventualité après certaines conjonctions de subordination : *bien que, quoique, avant que, jusqu'à ce que, pour que, afin que, sans que…*

Appliquer

1 Conjugue les verbes suivants à la 3ᵉ personne du singulier du passé simple puis de l'imparfait du subjonctif. Ex. : *grandir ⟶ il grand**it** ⟶ qu'il grand**ît***

1. savoir ⟶ .... ⟶ ....

2. manger ⟶ .... ⟶ ....

2 Réécris les phrases suivantes au passé selon le modèle proposé.

Il veut qu'on parte (présent du subjonctif) ⟶ *il voulait qu'on partît* (imparfait du subjonctif).

1. Il se dépêche de peur qu'on arrive en retard. ⟶ ....
....

2. Elle souhaite qu'on la prévienne rapidement. ⟶ ....
....

3. Je crains qu'il ne fasse une fausse note. ⟶ ....
....

3 Entoure la forme verbale qui convient. Souligne les conjonctions de subordination suivies d'un verbe au subjonctif. Ex. : *Elle lui fit faire du théâtre <u>afin qu</u>'il prit / prît de l'assurance (afin qu'il prenne (subjonctif)).*

> Transforme oralement la phrase au présent : *Il voulut qu'il finît son travail → Il <u>veut</u> qu'il <u>finisse</u> son travail.*

1. Il faisait encore nuit quand on *partit / partît*. – **2.** Il perdit la partie bien qu'il *fut / fût* le meilleur.

– **3.** Il la regarda sans qu'elle s'en *aperçut / aperçût*. – **4.** Il jouait si bien qu'on l'*applaudit / applaudît* longuement.

Préparer la dictée

Steve Peterson s'apprête à apporter au ravisseur de son fils et de sa compagne la rançon demandée. L'inspecteur Hugh Taylor vient de lui donner les dernières recommandations. Quelques années plus tôt, la femme de Steve, Nina, avait été assassinée.

« Pas de questions, monsieur Peterson ? Vous êtes sûr que tout ira bien ? » Steve tenait à la main la lourde valise contenant l'argent de la rançon. Steve s'éloigna. Hugh regarda la Mercury sortir de l'allée, tourner à gauche vers l'autoroute. Elle avait été sablée et bien que la neige continuât à tomber, Steve conduisait plus facilement qu'il ne s'y attendait. **Il avait craint que le ravisseur n'annulât son rendez-vous si les routes étaient dangereuses.** À présent, il était certain de le rencontrer en quelque endroit que ce soit. Il se demandait pourquoi Hugh l'avait interrogé sur le passé de Nina.

Mary Higgins Clark, *La Nuit du Renard*, Le Livre de Poche, 2006.

4 **a. Souligne deux verbes conjugués à la 3ᵉ pers. du sing. du passé simple.**

b. Surligne deux verbes du 1ᵉʳ groupe conjugués à la 3ᵉ pers. du sing. de l'imparfait du subjonctif.

5 **Dans les phrases suivantes, entoure la forme verbale qui convient. Souligne les conjonctions de subordination suivies d'un verbe au subjonctif.**

1. Il *s'échauffa / s'échauffât* avant que la partie ne *commença / commençât*.

2. Il tombait de la neige si bien qu'elle *arriva / arrivât* en retard.

3. Bien que la neige *continua / continuât* à tomber, Steve *avança / avançât* plus facilement qu'il s'y attendait.

4. Son frère *insista / insistât* pour qu'elle l'*accompagna / accompagnât* au cinéma.

> Pour distinguer les terminaisons homophones du présent de l'indicatif et du subjonctif des verbes du 1ᵉʳ groupe, remplace ces verbes par le verbe *faire* : *Il souhaita* (<u>fait</u> le souhait, indicatif) *qu'il arrivât* (<u>fasse</u> son arrivée, subjonctif) *à temps.*

6 **a. Dans la phrase en bleu, le subjonctif commandé par le verbe *craindre* exprime :**
❏ un fait possible   ❏ un fait certain

b. Réécris cette phrase au présent en remplaçant le verbe *annuler* par *faire annuler*.

Il a craint que ....

7 **Remplace le pronom *il* par *elle* et fais toutes les modifications nécessaires.**

« Il se demandait pourquoi Hugh l'avait interrogé sur le passé de Nina. »

Elle se demandait ....

Accorder le verbe avec son sujet

Le verbe s'accorde en personne et en nombre avec le sujet.

● Quand le sujet est le **pronom relatif** *qui*, il faut chercher l'antécédent pour déterminer la personne : *C'est **moi** qui ai fermé la porte ; c'est **toi** qui es en retard ; c'est **lui** qui est en retard...*   1ʳᵉ pers.   2ᵉ pers.   3ᵉ pers.

● Quand le verbe s'accorde avec **un groupe nominal**, il peut selon le sens s'accorder avec le nom ou le complément du nom : <u>*Le nom des gros clients*</u> *était inscrit sur un registre.* <u>*Une troupe d'hirondelles*</u> *surgissait* (ou *surgissaient*) *de la mer.*

● Quand un verbe a **deux sujets singuliers unis par les conjonctions de coordination** « ou » ou « ni », il se met au pluriel sauf si l'action n'est attribuée qu'à un seul sujet :
– <u>*Ni le plombier ni l'électricien*</u> *ne viendront me dépanner le dimanche.*
– <u>*La poêle ou la casserole*</u> *suffira pour préparer ce plat.*

● Quand le sujet contient un **déterminant indéfini de quantité** (*beaucoup de, la plupart de...*) l'accord se fait au pluriel : *La plupart d'entre nous n'avaient rien entendu.*

● Dans le cas du **présentatif** *c'est*, l'accord se fait librement avec le sujet ou l'attribut du sujet : *C'était* (ou *c'étaient*) <u>*des bancs de poissons volants*</u>.
sujet   attribut du sujet

Appliquer

1 **Conjugue à l'imparfait les verbes à l'infinitif entre parenthèses. Souligne le sujet de chacun de ces verbes et vérifie l'accord du verbe avec le sujet.**

En face de l'école, il y (avoir) .... l'abattoir municipal. Pendant que ma mère (faire) .... son petit ménage, je (grimper) .... sur une chaise et je (regarder) .... l'assassinat des bœufs et des porcs. Lorsque les malheureux bœufs (recevoir) .... le coup de merlin entre les cornes, et (tomber) .... sur les genoux, j'(admirer) .... la force du boucher. La mise à mort des porcs me (faire) .... rire aux larmes parce qu'on les (tirer) .... par les oreilles et qu'ils (pousser) .... des cris stridents.

(D'après Marcel Pagnol, *La Gloire de mon père*, Éd. Pastorelli. Site marcel-pagnol.com.)

2 **Souligne le(s) sujet(s) et accorde le verbe comme il convient au présent de l'indicatif.**

1. Ni la campagne, ni la mer ne l'intéresse............ ; seule la montagne la passionne............

– **2.** Un vol de canards sauvages survole............ la région. – **3.** Toi qui navigue............ beau-coup, raconte............-nous tes aventures sur mer. – **4.** Elle ne sait pas encore si c'est ton père ou ta mère qui l'accompagne............ à l'école. – **5.** Un groupe d'élèves aime............ lire les livres de Roald Dahl qui raconte... son enfance.

Préparer la dictée

Le narrateur assiste, depuis un appartement où il s'est caché, à la révolte du ghetto de Varsovie. Il vient d'apprendre que les Alliés avaient triomphé en Afrique.

Parallèlement à ces informations encourageantes en provenance du continent africain, ce que Lewicki pouvait apprendre quant au destin tragique que connaissaient mes frères de Varsovie, **cette poignée de Juifs qui avaient résolu d'opposer une résistance active aux Allemands,** était effrayant. Par les journaux clandestins qu'on me transmettait, j'ai suivi la poursuite du soulèvement dans le ghetto, les combats immeuble par immeuble, rue après rue, les lourdes pertes subies par les nazis. Malgré le recours à l'artillerie, aux chars, à l'aviation, il leur a fallu des semaines pour écraser les rebelles.

Wladyslaw Szpilman, *Le Pianiste*, Pocket, 2002.

3 Encadre l'antécédent du sujet *qui* dans la proposition en gras de la dictée.

4 a. Quelle est la fonction du groupe nominal : « mes frères de Varsovie » ?

❑ complément d'objet direct   ❑ sujet

b. Pourquoi le sujet est-il inversé ? ❑ il y a un complément circonstanciel en tête de phrase

❑ le verbe est le noyau d'une proposition subordonnée relative

5 Complète les phrases suivantes à l'aide de *quand* ou *quant*.

1. .... le ghetto de Varsovie entre en rébellion, les Allemands déploient leur artillerie. – **2.** .... au narrateur, il assiste à la rébellion des fenêtres de l'appartement où il s'est caché. – **3.** .... Lewicki a appris le destin de ses frères, il a été effrayé.

> *Quand* est une conjonction de subordination qu'on peut remplacer par *lorsque* ; *quant* (à, au, aux) peut être remplacé par *en ce qui concerne.*

6 a. Complète le texte suivant en entourant la bonne réponse.

Dans l'extrait suivant, « il leur a fallu des semaines pour écraser les rebelles », *leur* placé devant un verbe / nom est un déterminant possessif / pronom personnel. C'est le pluriel de *lui / le*. Il est variable / invariable.

b. Complète par *leur* ou *leurs*. Surligne les pronoms personnels.

1. Aude et Karl vivent à Lyon. ...... enfants font ...... études à l'étranger. Ils ...... manquent.

2. Les élèves de 6ᵉ 6 font de l'allemand. ...... professeur ...... a promis de les emmener à Berlin.

Accorder le verbe avec un sujet inversé

● **Le verbe s'accorde avec le sujet.** Le sujet précède généralement le verbe :
*<u>Molière</u> **est** un grand auteur dramatique du XVIIe siècle.*
      sujet   verbe

● Quand le sujet est placé après le verbe, on dit qu'il est inversé. Il peut l'être :
– dans une **phrase interrogative** de langage soutenu : *Où est <u>mon canif</u> ?*
                                                                          sujet

– dans la **proposition incise** d'un dialogue qui précise l'identité du locuteur : *Effacez bien cela ! dit <u>le Principal clerc</u>.*
                                                    sujet

– quand la phrase commence par un **adverbe modalisateur** : *<u>Peut-être</u> ne s'est-**il** pas réveillé ? <u>Sans doute</u> sera-t-**il** en retard ?*
                                                                  adverbe   sujet

– quand la phrase commence par un **complément circonstanciel** : *<u>À Paris</u>, se trouvent de nombreux musées.*
                                                                                    c. circ.
      sujet

● Dans une **proposition subordonnée relative**, le sujet peut aussi être inversé : *Je rêve d'un pays <u>où règnent la lumière et la couleur</u>.* Cette inversion n'est pas obligatoire.
                      prop. sub. relative

Appliquer

1 **Dans chacune des phrases, surligne le sujet et justifie l'inversion du sujet.**

1. Peut-être êtes-vous trop perfectionniste ? ....

2. Qui es-tu ? ....

3. « Rends-moi les clefs ! » demanda Marine à sa fille. ....

4. J'ai visité la maison où vécut Victor Hugo pendant son exil. ....

5. Devant elle, se trouvaient une femme et ses deux enfants. ....

2 **a. Souligne le(s) sujet(s) inversé(s) des verbes en bleu puis complète les terminaisons.**

1. *Sous ses yeux, baignée par les rayons lunaires, s'arrondissai...... une enceinte fortifiée –* **2.** *dans laquelle s'élevai...... deux cathédrales, trois palais, et un arsenal. –* **3.** *Autour de cette enceinte se dessinai...... trois villes distinctes, (...) –* **4.** *que dominai...... les tours, les clochers, les minarets, (...).*

(D'après Jules Verne, *Michel Strogoff*, 1876).

b. Indique dans le tableau les numéros des phrases qui correspondent aux explications proposées pour l'inversion du sujet.

Comp. circonstanciel en tête de phrase	Adverbe modalisateur en tête de phrase	Proposition subordonnée relative
....	....	....

Préparer la dictée

Le narrateur décrit le jardin de son oncle chez qui il passe une partie de l'été.

> Ce jardin n'<u>attenait</u> pas à la maison. On y <u>entrait</u> par une porte que <u>fermait</u> une énorme clé.
>
> Il y <u>avait</u> plusieurs pruniers, d'où <u>tombaient</u>, trop mûres, sur la terre brûlante, ces mêmes délicieuses prunes qu'on mettait sécher sur les toits ; le long des vieilles allées, <u>couraient</u> des vignes dont les raisins musqués étaient dévorés par des légions de mouches et d'abeilles. Et tout le fond, – car il <u>était</u> très grand, ce jardin, – <u>était abandonné</u> à des luzernes, comme un simple champ.
>
> Le charme de ce vieux verger <u>était</u> de s'y sentir enclos, enfermé à double tour, absolument seul dans beaucoup d'espace et de silence.

Pierre Loti, *Le Roman d'un enfant*, Garnier-Flammarion, 1988.

3 Surligne le(s) sujet(s) placés avant les verbes soulignés dans la dictée, et encadre le(s) sujet(s) inversé(s).

> Pose bien la question *Qui est-ce qui ?* afin de ne pas confondre le sujet inversé avec le COD.

4 Trois sujets sont inversés dans la dictée. Recopie-les et justifie leur inversion en cochant la bonne case.

Premier sujet inversé : ....

❏ comp. circ. en tête de phrase   ❏ prop. subord. relative   ❏ adverbe en tête de phrase

Deuxième sujet inversé : ....

❏ comp. circ. en tête de phrase   ❏ prop. subord. relative   ❏ adverbe en tête de phrase

Troisième sujet inversé : ....

❏ comp. circ. en tête de phrase   ❏ prop. subord. relative   ❏ adverbe en tête de phrase

5 Réécris la phrase suivante en mettant au singulier tous les groupes nominaux en bleu. Attention à l'accord des verbes.

« le long des vieilles allées, couraient des vignes dont les raisins musqués étaient dévorés par des légions de mouches et d'abeilles. »

> Aide-toi de l'unité 15, p. 34

Le long de la ....

....

....

....

23 Distinguer
es, est, ai, aie, ait, aient

● L'auxiliaire *avoir* a des **conjugaisons irrégulières** qu'il faut retenir :
– **présent de l'indicatif** : *j'ai, tu as, il a, nous avons, vous avez, ils ont.*
– **présent du subjonctif** : *que j'aie, que tu aies, qu'il ait, que nous ayons, que vous ayez, qu'ils aient.*
– **présent de l'impératif** : *aie, ayons, ayez.*
Aie est la 2ᵉ personne du singulier du présent de l'impératif du verbe *avoir*. On le trouve dans des phrases qui expriment un ordre, un conseil, un souhait… : *Aie confiance en toi !*

Remarque : *aie, aies, ait, aient* sont les formes du verbe *avoir* au présent du subjonctif. On les trouve généralement en propositions subordonnées, après la conjonction *que* pour exprimer une possibilité, une éventualité ou après les conjonctions de subordination *avant que, jusqu'à ce que, bien que, quoique, pour que…*

● *Es* et *est* sont les 2ᵉ et 3ᵉ personnes du singulier du verbe *être* au présent de l'indicatif.

Appliquer

1 **Dans les phrases suivantes, complète par *ai* ou *aie* derrière le pronom *je*. Entoure les conjonctions de subordination.**

1. ……-je bien entendu ?

2. J'…… apporté le livre que je t'avais promis. Je l'…… acheté hier.

3. Bien que j'…… révisé mes examens, j'…… peur de les rater.

4. L'année s'achève sans que j'…… eu le temps de te rendre visite.

> Derrière le pronom *je*, j'écris *ai* ou *aies*. Pour les différencier, je change de personne : *J'ai chaud* → *nous avons chaud* (présent de l'indicatif). *Il se peut que j'aie chaud* → *il se peut que nous ayons chaud* (présent du subjonctif).

2 **Complète par *es*, *aies* et *aie*.**

1. Il faut que tu ……… payé tes impôts avant le 15 décembre.

2. Pourquoi ………-tu arrivé en retard ?

3. N'……… pas peur.

4. Il souhaite que tu ……… rendu ton rapport demain matin.

> Aux 2ᵉ et 3ᵉ personnes du singulier, il faut se demander si l'on écrit le verbe *être* ou le verbe *avoir* : *Tu es / nous sommes en retard* (être en retard). *Il est probable que tu aies / que nous ayons du retard* (avoir du retard).

3 **Complète par *est* ou *ait* (derrière les pronoms *il, elle, on*) et *aient* (derrière les pronoms *ils* ou *elles*).**

1. Qu'il ……… capricieux !

2. Il ………… possible qu'il ………… raté son avion.

3. …………-ce l'heure de partir ?

4. Il ……… souhaitable qu'ils se soient relus avant qu'ils………… rendu leurs copies.

Préparer la dictée

Le berger Frik aperçoit une fumée en haut d'un vieux burg abandonné. Cet événement inquiète les habitants du village le plus proche.

Le premier qui apprit la nouvelle fut le juge Koltz. Dès qu'il l'aperçut, Frik lui cria :

« Le feu est au burg notre maître !

– Que dis-tu là, Frik ?

– Je dis ce qui est ?

– Est-ce que tu es devenu fou ? Il se peut que tu aies été trompé. »

En effet, comment un incendie pouvait-il s'attaquer à ce vieil amoncellement de pierres ?

Frik tendit la lunette à maître Koltz.

« Qu'est-ce cela ? dit-il.

– Une machine que je vous ai achetée deux florins, mon maître bien qu'elle ait une plus

grande valeur.

– Aie l'amabilité de m'en expliquer le fonctionnement.

– Ajustez cela à votre œil, visez le burg en face, et vous verrez. »

Jules Verne, *Le Château des Carpathes*, 1892.

4 Encadre, dans le texte, les occurrences du verbe *être* au présent de l'indicatif.

5 Surligne, dans le texte, toutes les occurrences du verbe *avoir* puis classe-les.

1re pers. sing. présent de l'indicatif	2e pers. sing. présent de l'impératif	2e pers. sing. présent du subjonctif	3e pers. sing. présent du subjonctif
....	....	....	....

6 Entoure le pronom personnel sujet de chaque verbe homophone encadré ou surligné. Observe si ce pronom est à la 1re, 2e ou 3e personne du singulier.

Forme verbale derrière le pronom *je* :..

Deux formes verbales derrière le pronom *tu* : ....

Forme verbale derrière le pronom *il* :..

7 a. Entoure la conjonction de subordination dans la phrase suivante.

« Bien qu'elle ait une plus grande valeur. »

b. Quel est le mode rencontré après cette conjonction ? ....

8 a. À quel type cette phrase appartient-elle ? ....

« Aie l'amabilité de m'en expliquer le fonctionnement. »

Aide-toi de l'unité 14, p. 32.

b. Quel est le mode du verbe souligné ? ....

24 Distinguer
plutôt, plus tôt et près, prêt

● *Plutôt* et *plus tôt* sont des adverbes. C'est leur sens qui permet de les différencier.
– **Plus tôt** est une locution adverbiale opposée à « plus tard » : *Tu aurais pu me prévenir* **plus tôt** *(ou plus tard)*.
– **Plutôt (que de)** est un adverbe qui signifie « au lieu de » : *Tu ferais mieux d'aller au cinéma* **plutôt que de** *(au lieu de)* *rester là à t'ennuyer.*

● C'est le sens et la classe grammaticale qui permettent de distinguer les homophones *près* et *prêt*.
– **Près de** est une **préposition** qu'on peut remplacer par la locution prépositive « à côté de » : *Jérôme s'est assis* **près de** *(à côté de)* *Sophie en cours de français.*
– **Près** peut aussi être un **adverbe** : *Il est demeuré tout* **près** *(tout à côté).*
– **Prêt** est un nom dérivé du verbe *prêter*. Employé comme adjectif, il signifie « décidé, disposé à ». *Pierre est* **prêt à** *(disposé à)* *acheter une maison à Douarnenez. Il a fait une demande de* **prêt** *(d'emprunt)* *à la banque.*

Appliquer

1 **Dans les phrases suivantes, entoure la forme qui convient :** *plutôt* **ou** *plus tôt*.

1. Ils sont arrivés *plutôt / plus tôt* que prévu.

2. *Plutôt / plus tôt* que de t'inquiéter, appelle-les pour savoir s'ils sont rentrés.

3. Il préfère accepter temporairement cet emploi à l'étranger *plutôt / plus tôt* que de rester sans emploi.

4. Le jour de son examen de conduite, il s'est levé *plutôt / plus tôt* pour ne pas risquer d'arriver en retard.

2 **Complète les phrases suivantes par les homophones** *près* **ou** *prêt*.

1. Nous sommes .... à nous rendre chez notre grand-mère qui habite dans un village .... de Gap.

2. Soyez .... à dix-sept heures précises. Attendez-moi .... de la gare.

> N'oublie pas d'accorder *prêt* (nom ou adjectif) si nécessaire.

3. Il ne faut pas se placer trop .... de la bordure du quai quand les trains sont .... à entrer en gare.

4. Maman est rentrée tard. Le dîner n'est pas .... d'être ....

5. Attention, ..., partez !

6. Ils sont toujours .... à rendre service !

24

Préparer la dictée

« Assieds-toi. » L'ordre s'adressait à Neil. L'enfant leva un regard suppliant vers Sharon, et s'assit sans protester.

Sharon s'agenouilla près de lui. « Neil, n'aie pas peur. » À mains tremblantes, elle saisit l'une des bandes et l'enroula autour de ses yeux.

Elle leva les yeux. L'inconnu fixait Neil. Le revolver était pointé sur lui. Un moment plus tôt, elle avait entendu un déclic et avait attiré Neil contre elle, faisant un bouclier de son corps. L'inconnu la regarda. Il abaissa lentement son revolver plutôt que de tirer. Il avait failli tuer Neil, pensa-t-elle. Il était prêt à le tuer.

Mary Higgins Clark, *La Nuit du Renard*, Le Livre de Poche, 2006.

3 **a. Dans les phrases suivantes, choisis l'homophone souligné par un mot ou un groupe de mots de même sens.**

1. « Sharon s'agenouilla <u>près</u> de lui. »

❑ à côté de   ❑ décidé, disposé à

2. « Il était <u>prêt</u> à le tuer. »

❑ à côté de   ❑ décidé, disposé à

b. Réécris au pluriel la phrase : « Il était prêt à le tuer. »

....

4 **Dans les extraits suivants, peux-tu remplacer les mots soulignés par *plus tard* ? Coche la bonne réponse.**

1. « Un moment <u>plus tôt</u>, elle avait entendu un déclic. »   ❑ oui   ❑ non

2. « Il abaissa lentement son revolver <u>plutôt que</u> de tirer. »   ❑ oui   ❑ non

5 **Observe dans la dictée les formes verbales qui se terminent en *-ant*.**

a. Encadre les adjectifs verbaux et surligne le participe présent.

b. Réécris la phrase en remplaçant le groupe nominal *un regard* par *des yeux* et fais toutes les modifications nécessaires.

Aide-toi de la leçon de l'unité 10, p. 24.

« L'enfant leva un regard suppliant vers Sharon. »

....

6 **Entoure dans la dictée deux verbes à l'impératif et observe leurs terminaisons. Que remarques-tu ?**

Aide-toi de la leçon de l'unité 14, p. 32.

....

53

25 Distinguer *quoique* et *quoi que*

● ***Quoique***, en un seul mot, est une conjonction de subordination introduisant une proposition circonstancielle de concession.
La concession exprime une cause dont la conséquence attendue ne s'est pas réalisée :
Quoiqu'elle ait révisé, elle n'a pas réussi son contrôle. = Puisqu'elle a révisé, on attendait qu'elle réussisse et c'est le contraire qui s'est produit.
Quoique est une conjonction qui peut être remplacée par la locution conjonctive
« bien que » : *Quoiqu'elle* (= bien qu'elle) *ait révisé, elle n'a pas réussi son contrôle.*

● Quand ***quoi que*** s'écrit en deux mots, *quoi* est un pronom indéfini suivi du pronom relatif *que* qui introduit une proposition subordonnée relative en fonction de complément circonstanciel de concession.
Quoi que peut être remplacé par « quelle que soit la chose que » : *Quoi que*
(= quelle que soit la chose que) *je fasse, elle n'est jamais contente.*

Attention ! *Quoique* et *quoi que* sont toujours invariables et suivis du subjonctif.

Appliquer

1 Complète les phrases par *quoique* ou *quoi que*.

1. .... je sois fatigué, j'irai volontiers au cinéma.

2. .... il en soit, il faut prendre une décision.

3. Je changerai d'emploi .... tu en penses.

4. J'ai pensé à toi pour cette mission .... nous ne nous soyons pas revues depuis longtemps.

5. .... les vacances d'été durent deux mois, elles me semblent courtes.

6. .... il fasse, ... il dise, vous êtes toujours en désaccord.

2 Complète les phrases par *quoique* ou *quoi que*, puis coche la bonne graphie du verbe qui suit.

1. Je te rendrai ce travail dans les délais .... j' ❏ ai   ❏ aie pris un peu de retard.

2. .... j' ❏ ai été   ❏ aie été peinée de ton silence, je ne t'en veux pas.

3. .... il ❏ fit   ❏ fît, elle n'était jamais satisfaite.

4. .... elle ❏ parla   ❏ parlât fort, il ne comprit pas.

5. .... elle ❏ court   ❏ coure vite, elle ne parvient pas à le rejoindre.

6. .... je ❏ vois   ❏ voie un virage dangereux, je ne parviens pas à freiner à temps.

7. .... il ❏ est   ❏ ait des difficultés en orthographe, il ne se décourage pas.

Préparer la dictée

Dans ses notes, Philippe Gerbier, chef d'un groupe de résistants, rapporte des faits de résistance.

Joseph Pioche qui est un opérateur de radio remarquable, avait installé son poste dans une petite maison qu'on avait louée au milieu des champs. Au bout de quelque temps la région était devenue mauvaise. Des voitures de repérage naviguaient aux alentours. Pioche eut à passer, le dernier jour, vingt-deux télégrammes extrêmement importants. C'est très long vingt-deux télégrammes quand la détection vous cerne. Pioche s'est barricadé dans la maison avec ses deux fils bien armés. **Ils avaient pour consigne de tenir quoi qu'il arrivât,** jusqu'à la fin des messages, mais Pioche a pu passer ses télégrammes sans incident.

Joseph Kessel, *L'Armée des ombres*, Éditions de Crémille, 1972.

3 **a. Dans la phrase en bleu de la dictée, remplace** *quoi qu'* **par la locution qui convient. Coche la bonne case.**

❑ bien que   ❑ quelle que soit la chose que

b. À quels temps et mode le verbe *arrivât* **est-il conjugué ?**

....

4 **Dans les extraits suivants, entoure le mot avec lequel tu accordes le participe passé puis précise sa fonction grammaticale.**

1. « une petite maison qu'on avait **louée** au milieu des champs »

....

2. « Au bout de quelque temps la région était **devenue** mauvaise. »

....

5 **Dans les groupes nominaux suivants, écris** *quelque* **ou** *quelques* **et remplace** *quelques* **par « plusieurs » et** *quelque* **par « un certain ».**

Aide-toi de la leçon de l'unité 26, p. 56.

1. Au bout de .... (.....................) temps la région était devenue mauvaise.

2. .... (...........................) heures plus tard, il avait pu passer tous ses télégrammes.

6 **Complète le texte suivant par** *ses, ces, c'est* **ou** *s'est***.**

.... la guerre. Pioche est un résistant. Il .... barricadé avec .... fils dans une petite maison pour envoyer des messages. .... télégrammes sont extrêmement importants. Il .... engagé à terminer le travail quoi qu'il arrive.

Distinguer *quelque* et *quel que*

● *Quelque* est un **déterminant indéfini**. On le trouve avant un nom ou un groupe nominal. Il s'emploie au singulier ou au pluriel selon son sens.
– *quelques* est employé au pluriel quand il a le sens de « plusieurs » : *Je suis allée en Grèce il y a* **quelques** (= plusieurs) *années*.
– *quelque* est employé au singulier quand il a le sens de « un certain, n'importe quel » : *Il y a* **quelque** (= un certain) *temps que je projette de faire un voyage en Grèce.*

● *Quelque* peut aussi être un **adverbe**. On le trouve alors devant un déterminant numéral. Il a le sens de « environ ». Il est invariable : *Il lui reste* **quelque** (= environ) *cent cinquante mètres à parcourir.*

● ***Quelque... que*** s'écrit en deux mots . *Quelque* est alors placé devant un adjectif qualificatif ou un participe passé. C'est un adverbe, il reste invariable. On peut le remplacer par « aussi ». La proposition qui suit, introduite par *que*, est au subjonctif : *Quelque courageux qu'il soit* (= *aussi* courageux qu'il soit), il lui est difficile de surmonter cette épreuve.

● *Quel(s) que, quelle(s) que* suivi du verbe *être* au subjonctif est un **déterminant**. Il s'accorde en genre et en nombre avec le sujet dont il est attribut : ***Quelle que*** soit <u>ta décision</u>, je la comprendrai.
    sujet

Appliquer

1 **Dans les phrases suivantes, écris au singulier ou au pluriel le groupe nominal en italiques.**

1. Je l'ai quitté il y a *quelque...... instant......* – **2.** Il aura vu *quelque...... film......* d'horreur qui lui aura donné des cauchemars. – **3.** Allons faire *quelque...... pas* sur la plage. – **4.** Il contemple un château fort construit par *quelque...... chevalier......* du Moyen Âge. – **5.** Il regarde un tableau peint par *quelque...... peintre......* paysagiste du XIXe siècle.

2 **Dans les phrases suivantes, distingue *quelque* déterminant indéfini de *quelque* adverbe.**

1. Il a fait preuve de *quelque détermination* en repassant ce concours.

❏ déterminant indéfini ❏ adverbe

2. Il lui reste *quelque cinq minutes* avant la fin de l'épreuve.

❏ déterminant indéfini ❏ adverbe

3 **Entoure, dans les phrases suivantes, la forme qui convient.**

1. *Quelque / quel que / quels que* intelligents qu'ils soient, ils n'ont pas décelé la supercherie.

2. *Quelque / quel que / quelle que* soit ta peine, il faut réagir.

3. *Quelque / quel que / quelles que* soient tes raisons, ton attitude est inadmissible.

4. *Quelque / quelle que* généreuse qu'elle soit, elle n'a pu l'accueillir.

Préparer la dictée

Je sens en écrivant que mon pouls s'élève encore ; ces moments me seront toujours présents quand je vivrais cent mille ans. Ce premier sentiment de la violence et de l'injustice est resté profondément gravé dans mon âme (…). Mon cœur s'enflamme au spectacle ou au récit de toute action injuste, **quel qu'en soit l'objet** et en **quelque lieu** qu'il se commette, comme si l'effet en retombait sur moi. Quand je lis les cruautés d'un tyran féroce, les subtiles noirceurs d'un fourbe de prêtre, je partirai volontiers pour aller poignarder ces misérables, dussé-je cent fois y périr.

Jean-Jacques Rousseau, *Les Confessions*, Livre I, « Le peigne brisé », 1770.

4 **a. Quelle est la nature du mot *quelque* dans le groupe nominal *quelque lieu* (en gras) ?**

❏ déterminant indéfini   ❏ adverbe

b. Dans ce même groupe nominal, quel est le sens du mot *quelque* ?

❏ n'importe quel   ❏ plusieurs

5 **a. Avec quel nom *quel qu'* s'accorde-t-il dans l'expression en bleu de la dictée ?**

....

b. Quelle est la fonction du mot *quel* ?

❏ sujet   ❏ attribut du sujet

6 **a. Quelle est la nature du mot *tout* dans le groupe nominal souligné dans la dictée ?**

❏ déterminant indéfini   ❏ adverbe

b. Quel est le sens de *tout* dans ce même groupe de mots ?

Relis la leçon de l'unité 8, p. 20.

....

7 **Complète les phrases suivantes avec le mot [pu] que tu écriras comme il convient.**

1. Son .... bat à soixante pulsations par minute.

2. Il a attrapé des .... à l'école.

8 **a. Quel est l'infinitif du verbe *dussé* ?** ....

b. À quel temps ce verbe est-il conjugué ? ....

27 Distinguer *eut, eût* et *fut, fût*

● ***Eut*** est **le passé simple** du verbe ***avoir*** à la 3ᵉ personne du singulier.
Fut est **le passé simple** du verbe ***être*** à la 3ᵉ personne du singulier.
On peut remplacer le passé simple par le présent de narration : *La fourmi **fut** (est)
bien heureuse d'aller chez sa voisine quand elle n'**eut** (a) plus rien à manger.*

● Le **passé antérieur** se construit à partir des auxiliaires *avoir* ou *être* au passé simple
(*eut* ou *fut*) suivi du participe passé du verbe conjugué : *il fut venu ; il eut voulu.*
On rencontre le passé antérieur dans les propositions subordonnées conjonctives,
en fonction de complément circonstanciel de temps : *Dès qu'il **fut rentré**, il commença
à faire nuit. Quand elle **eut terminé** son travail, elle alla à la piscine.*

● ***Eût*** est **le subjonctif imparfait** du verbe ***avoir*** à la 3ᵉ personne du singulier.
Fût est **le subjonctif imparfait** du verbe ***être*** à la 3ᵉ personne du singulier.
Pour ne pas confondre le passé simple et le subjonctif imparfait, on remplace le
subjonctif imparfait par le subjonctif présent : *Bien qu'il n'**eût** (ait) que trente ans,
il en paraissait (paraît) plus de quarante. Avant qu'il **fût** (soit) chef d'orchestre, il était
violoniste.*

● Le **subjonctif plus-que-parfait** se construit à partir des auxiliaires *être* et *avoir* au
subjonctif imparfait (*eût* et *fût*) suivis du participe passé du verbe conjugué : *qu'il fût
(soit) venu ; qu'il eût voulu.*
Pour ne pas confondre le passé antérieur avec le subjonctif plus-que-parfait, on
remplace ce dernier par un subjonctif passé : *Il avait terminé son livre avant qu'il ne
fût rentré (soit rentré).*

Appliquer

1 **Complète les propositions subordonnées conjonctives suivantes par
eut, eût ou par *fut, fût*. Surligne les conjonctions de subordination.**

> Remplace *eût*
> par *ait* et *fût*
> par *soit*.

1. Elle berça son bébé pour qu'il .... calme.

2. Quand la bise .... venue, la cigale ne trouva plus rien à manger.

3. Bien qu'elle .... tout son temps, elle préféra ne pas prolonger sa promenade.

4. Il veilla jusqu'à ce qu'il .... trouvé une solution à son problème.

5. Après qu'il .... terminé son repas, il alla se reposer.

6. Elle avait tout organisé, avant qu'il .... de retour.

2 **Complète le texte suivant par *eut, eût* ou *fut, fût*.**

Tant que Cosette .... toute petite, elle .... le souffre-douleur des deux autres enfants ;

dès qu'elle se mit à se développer un peu, c'est-à-dire avant même qu'elle .... cinq ans,

elle devint la servante de la maison. Si sa mère .... revenue à Montfermeil au bout de

ces trois années, elle n'............... point reconnu son enfant.

Préparer la dictée

Les habitants du village de Werst, en Transylvanie, ont aperçu de la fumée dans un vieux château abandonné. Une frayeur s'empare de ses habitants qui croient au retour du diable !

D'après ces gens affolés, on eût dit que le sol était agité de trépidations, comme si un ancien cratère se fût rallumé à la chaîne des Carpathes. Mais peut-être y avait-il de l'exagération dans ce qu'ils croyaient voir, entendre et ressentir. L'auberge du village était déserte. Un lazaret par temps d'épidémie n'eût pas été plus abandonné. **Le soir du 9 juin, le loquet de la porte fut levé du dehors** ; mais cette porte verrouillée du dedans, ne put s'ouvrir. L'aubergiste se hâta de descendre. À l'espoir qu'il éprouvait de se trouver en face d'un hôte se joignait la crainte que cet hôte ne fût quelque revenant.

Jules Verne, *Le Château des Carpathes*, Le Livre de Poche, 1892.

3 **a. La phrase, en bleu dans la dictée, est à la forme passive. À quel temps le verbe *être* est-il conjugué ?**

....

b. Complète cette phrase en conjuguant le verbe *être* au présent de narration.

Le soir du 9 juin, le loquet de la porte .... levé du dehors.

4 **Dans la phrase : « Un lazaret par temps d'épidémie n'eût pas été plus abandonné », remplace le subjonctif plus-que-parfait par un conditionnel passé.**

Un lazaret par temps d'épidémie n'........................... pas................... plus abandonné.

5 **a. Dans la phrase suivante, à quel temps les verbes soulignés sont-ils conjugués ?**

« D'après ces gens affolés, on <u>eût dit</u> que le sol était agité de trépidations, comme si un ancien cratère se <u>fût rallumé </u>à la chaîne des Carpathes. »

❑ passé simple ❑ passé antérieur

❑ subjonctif imparfait ❑ subjonctif plus-que-parfait

> **Aide-toi de l'unité 20, p. 44.**

b. Conjugue les verbes au plus-que-parfait de l'indicatif ou au conditionnel passé.

D'après ces gens affolés, on .... que le sol était agité de trépidations, comme si un ancien cratère se .... à la chaîne des Carpathes.

Tableaux de conjugaison

ÊTRE

INDICATIF

Présent

je suis
tu es
il est
nous sommes
vous êtes
ils sont

Passé composé

j'ai été
tu as été
il a été
nous avons été
vous avez été
ils ont été

Imparfait

j'étais
tu étais
il était
nous étions
vous étiez
ils étaient

Plus-que-parfait

j'avais été
tu avais été
il avait été
nous avions été
vous aviez été
ils avaient été

Passé simple

je fus
tu fus
il fut
nous fûmes
vous fûtes
ils furent

Passé antérieur

j'eus été
tu eus été
il eut été
nous eûmes été
vous eûtes été
ils eurent été

Futur simple

je serai
tu seras
il sera
nous serons
vous serez
ils seront

Futur antérieur

j'aurai été
tu auras été
il aura été
nous aurons été
vous aurez été
ils auront été

CONDITIONNEL

Présent

je serais
tu serais
il serait
nous serions
vous seriez
ils seraient

Passé

j'aurais été
tu aurais été
il aurait été
nous aurions été
vous auriez été
ils auraient été

SUBJONCTIF

Présent

que je sois
que tu sois
qu'il soit
que nous soyons
que vous soyez
qu'ils soient

Passé

que j'aie été
que tu aies été
qu'il ait été
que nous ayons été
que vous ayez été
qu'ils aient été

Imparfait

que je fusse
que tu fusses
qu'il fût
que nous fussions
que vous fussiez
qu'ils fussent

Plus-que-parfait

que j'eusse été
que tu eusses été
qu'il eût été
que nous eussions été
que vous eussiez été
qu'ils eussent été

IMPÉRATIF

Présent

sois
soyons
soyez

Passé

aie été
ayons été
ayez été

INFINITIF

Présent

être

Passé

avoir été

PARTICIPE

Présent

étant

Passé

ayant été

GÉRONDIF

Présent

en étant

Passé

en ayant été

AVOIR

INDICATIF

Présent
j'ai
tu as
il a
nous avons
vous avez
ils ont

Passé composé
j'ai eu
tu as eu
il a eu
nous avons eu
vous avez eu
ils ont eu

Imparfait
j'avais
tu avais
il avait
nous avions
vous aviez
ils avaient

Plus-que-parfait
j'avais eu
tu avais eu
il avait eu
nous avions eu
vous aviez eu
ils avaient eu

Passé simple
j'eus
tu eus
il eut
nous eûmes
vous eûtes
ils eurent

Passé antérieur
j'eus eu
tu eus eu
il eut eu
nous eûmes eu
vous eûtes eu
ils eurent eu

Futur simple
j'aurai
tu auras
il aura
nous aurons
vous aurez
ils auront

Futur antérieur
j'aurai eu
tu auras eu
il aura eu
nous aurons eu
vous aurez eu
ils auront eu

CONDITIONNEL

Présent
j'aurais
tu aurais
il aurait
nous aurions
vous auriez
ils auraient

Passé
j'aurais eu
tu aurais eu
il aurait eu
nous aurions eu
vous auriez eu
ils auraient eu

SUBJONCTIF

Présent
que j'aie
que tu aies
qu'il ait
que nous ayons
que vous ayez
qu'ils aient

Passé
que j'aie eu
que tu aies eu
qu'il ait eu
que nous ayons eu
que vous ayez eu
qu'ils aient eu

Imparfait
que j'eusse
que tu eusses
qu'il eût
que nous eussions
que vous eussiez
qu'ils eussent

Plus-que-parfait
que j'eusse eu
que tu eusses eu
qu'il eût eu
que nous eussions eu
que vous eussiez eu
qu'ils eussent eu

IMPÉRATIF

Présent
aie
ayons
ayez

Passé
aie eu
ayons eu
ayez eu

INFINITIF

Présent
avoir

Passé
avoir eu

PARTICIPE

Présent
ayant

Passé
ayant eu

GÉRONDIF

Présent
en ayant

Passé
en ayant eu

Index

des notions grammaticales

A

adverbe 8
adverbe modalisateur 48
ai, aie, ait, aient 50
adjectif de couleur composé 14
adjectif de couleur dérivé d'un nom 14
adjectif verbal 24
antonyme 10, 11
API 15

C

cent 18
certain 18
chaque 18
conditionnel passé 36
conjonction de subordination 44, 50

D

demi 11, 16
déterminant indéfini 18
déterminant indéfini de quantité 46
déterminant numéral 18

E

emploi adverbial d'un adjectif 16
emploi (valeur) des temps 34
es, est 50
eut, eût 58

F

fut, fût 58
futur antérieur 36
futur simple 26

G

gérondif 24

H

homographe, homonyme, homophone 7

I

imparfait de l'indicatif 34
imparfait du subjonctif 44

L

lettre muette 6

M

maint 18
même 22
mi 16
mille 18
millier 18
mots de la même famille 11

N

n'importe quel 18
nom composé 14
nom dérivé 6
noms féminins en [e], *-té* ou *-tié* 12
noms masculins en [e], *-é, -er* ou *-ée* 12
noms masculins en [ɛ], *-et, -ait* ou *-ey* 12
nu 16
nul 18

P

participe passé 36, 38, 42
participe passé avec l'auxiliaire *avoir* 40
participe passé avec l'auxiliaire *être* 40
participe passé sans auxiliaire 40
participe présent 24
passé antérieur 36, 58
passé composé 36
passé simple 34, 38, 44, 58
préfixe 10
présent du conditionnel 26
présent de l'impératif 32
présent de l'indicatif 28
présent du subjonctif 30
présentatif *c'est* 46
plutôt, plus tôt 52
plus-que-parfait 36
près, prêt 52
pronom relatif *qui* 46
proposition incise 48

Q

quelque, quel que 56
quoique, quoi que 30, 54

R

racine 6

S

semi 16
subjonctif imparfait 44, 58
subjonctif passé 36
subjonctif plus-que-parfait 58
sujet 46
sujet inversé 48
suffixe 8

T

tel 18
terminaison des participes passés 36
tous 20
tout 20

V

verbe pronominal de sens réciproque 42
verbe pronominal de sens réfléchi 42
verbe pronominal de sens passif 42
verbe essentiellement pronominal 42

Index
des dictées

Alain-Fournier
Le Grand Meaulnes 25, 41

Balzac, Honoré de
Le Colonel Chabert 37, 39

Dumas, Alexandre
Les Trois Mousquetaires 31

Higgins Clark, Mary
La Nuit du Renard 45, 53

Hugo, Victor
Le Dernier Jour d'un condamné 29

Kessel, Joseph
L'Armée des ombres 15, 27, 43, 55

Loti, Pierre
Le Roman d'un enfant 13, 17, 49

Maupassant, Guy de
La Parure 33

Nothomb, Amélie
Stupeur et Tremblements 35

Orwell, George
La Ferme des animaux 7, 21, 23

Rousseau, Jean-Jacques
Les Confessions, Livre I 57

Szpilman, Wladyslaw
Le Pianiste 9, 11, 47

Verne, Jules
Le Château des Carpathes 19, 51, 59

Imprimé en France par Hérissey (27000 Évreux) - N° 103437
Dépôt légal n° 81282 - Décembre 2006